Hermann Bausinger
Vom Erzählen

Hermann Bausinger

Vom Erzählen
Poesie des Alltags

HIRZEL

Bibliografische Information der Deutschen Nationalbibliothek
Die Deutsche Nationalbibliothek verzeichnet diese Publikation in der Deutschen Nationalbibliografie; detaillierte bibliografische Daten sind im Internet unter http://dnb.d-nb.de abrufbar.

Jede Verwertung des Werkes außerhalb der Grenzen des Urheberrechtsgesetzes ist unzulässig und strafbar. Das gilt insbesondere für Übersetzungen, Nachdrucke, Mikroverfilmungen oder vergleichbare Verfahren sowie für die Speicherung in Datenverarbeitungsanlagen.

2., korrigierte Auflage 2022
ISBN 978-3-7776-3097-7 (Print)
ISBN 978-3-7776-3108-0 (E-Book, epub)

© 2022 S. Hirzel Verlag GmbH
Birkenwaldstraße 44, 70191 Stuttgart
Printed in Germany

Lektorat: Wolfgang Alber, Reutlingen
Einbandgestaltung: Christiane Hemmerich, Tübingen
Satz: Satzpunkt Ursula Ewert GmbH, Bayreuth
Druck und Bindung: CPI Books GmbH, Leck

www.hirzel.de

Inhalt

Einleitung 7

Erzählen im Alltag 13
Die Befreiung von Geschichten 15
Die Kunst der Beiläufigkeit 23
Man erzählt immer von sich selbst 31
Perlmanns Erzähltheorie 38
Der Sinn sinnloser Erzählungen 49

Traditionsbestand: Erzählmuster 59
Märchen – ein Spiel 61
Märchen und Lüge 77
Und die Moral von der Geschicht' 91
Der Glaube ans Unglaubliche 107
Nous sommes per Du 128

Sprache – Starthilfe und Stilbestimmung 143
Der Witz der Sprache 145
Steigerung, Pointierung, Begrenzung 158
Mündlich / schriftlich, online / offline – Zusammenspiel 169
Zählgeschichten 182

Ergänzende Hinweise 195

Einleitung
Eine Kunst, die allen geschenkt ist

Erzählen können Alle. Zugegeben: Wenn in solchen Zusammenhängen von *Allen* gesprochen wird, handelt es sich meist um eine Übertreibung. Aber es trifft zu, dass Erzählen eine Kunst ist, die allen Menschen geschenkt ist. Nicht nur zum Zuhören, sondern auch zur Gestaltung. Menschen ohne physische Sprechbehinderung und ohne extreme Vereinsamung sind fähig zu erzählen, und sie machen von dieser Fähigkeit Gebrauch, wenn auch in sehr unterschiedlichem Ausmaß. Die Frequenz ist nicht nur von ihrer persönlichen Neigung abhängig, sondern auch von ihrer gesellschaftlichen Einbindung und ihren Lebensverhältnissen.

Es gibt Räume und Situationen, in denen Alle – alle Anwesenden – in das Erzählen einstimmen. Eine Bushaltestelle. Der Bus kommt nicht. Stumm halten die Wartenden zunächst Ausschau, blicken auf die Uhr und schimpfen vor sich hin. Aber dann wird eine oder einer etwas lauter: Es sei jetzt schon das dritte Mal in dieser Woche; und damit wendet sich die Erzählung – es *ist* eine Erzählung! – den Unannehmlichkeiten und Schäden zu, die dadurch entstanden. Eine junge Frau im Kreis der Wartenden schließt sich an und erzählt, dass sie immer wieder Schwierigkeiten an ihrer Arbeitsstelle bekomme. Ein älterer Mann äußert sich, man wisse wenigstens, dass der nächste Bus relativ bald komme – besänftigend, aber vor allem als Überleitung zu einem Vergleich mit der Bahn. Er erzählt von seiner letzten Fernreise, bei der die Züge an den Umsteigebahnhöfen jedesmal den Anschluss verpassten. Das ist der Versuch einer Übertrumpfung, der aber nicht den Schlusspunkt setzt. Die auf den Bus Angewiesenen wehren sich mit der Erzählung ihrer erlebten und erneut gegenwärtigen Probleme, und die zufällig und unfreiwillig entstandene Erzählrunde kommt erst zu ihrem Ende, als der Bus schließlich auftaucht.

Es *ist* eine Erzählrunde, wenn auch keines der Beteiligten auf die Idee käme, sie so zu charakterisieren. Wenn vom Erzählen gesprochen wird, denkt man zunächst an eine klare Trennung von Erzählenden und ihrem Publikum, an die prinzipiell ungestörte und meist länger andauernde Darbietung eines Erzählers oder einer Erzählerin. Sie tritt heute wohl am häufigsten öffentlich in Erscheinung in kabarettistischen Auftritten, in denen ja nicht nur satirisch pointiert in aktuelle Diskussionen eingegriffen wird; vielmehr verpacken die Vertreter der sogenannten Kleinkunst ihre Pointen auch in oft sehr ausgedehnten Erzählungen angeblich eigener Erlebnisse. Als legitime Form des Erzählens wird dies allerdings kaum wahrgenommen; und auch das Sandmännchen, dem schon viele Jahrzehnte die Aufgabe der Überleitung in den Schlaf übertragen wird, gilt nicht unbedingt als Repräsentant des Erzählens.

Bei der Suche nach exemplarischen Erzählvorgängen drängen romantisierende Vorstellungen ins Bild. Als typische Erzählszene gilt vielfach ein Gutenacht-Ritual am Kinderbett, womöglich mit Großmutter oder Großvater, obwohl dabei in Wirklichkeit sicher mehr vorgelesen als erzählt wird. Darin entspricht diese häusliche Gewohnheit einer spezifischen Sparte des Erzählbetriebs, der mündlichen Vermittlung von Märchen. Sie wird gepflegt in Erzählkreisen; aber überwiegend rezitieren die Märchenerzählerinnen und -erzähler auswendig gelernte Texte oder orientieren sich zumindest an literarischen Vorlagen.

Das literarische Erzählen hat seine eigenen Gesetze, paradoxerweise mit einer weitgehenden Gesetzlosigkeit als Charakteristikum. In der Novelle ist nach der von Goethe eingeführten Formel prinzipiell die Wende durch eine *unerhörte Begebenheit* gefordert, und vom Roman erwartet man die konsequente Verknüpfung komplexer Erzählstränge. Für die Erzählung scheiden solche einigermaßen verpflichtenden Vorgaben aus, und die Variation reicht von der knappen Schilderung in einer Skizze bis zur Ausbreitung diverser Ereignisse und Sachverhalte über Hunderte von Seiten.

Neuerdings spielt der Begriff der Erzählung auch in der Philosophie und der Wissenschaftstheorie eine wichtige Rolle. Als *Narrativ* werden übergreifende Perspektiven auf historische Entwicklungen, auf die Struktur der Gesellschaft, auf kulturelle, politische und ökonomische Gegebenheiten bezeichnet. Das Wort ist abgeleitet aus dem lateinischen *narrare* und direkt aus dem Englischen übernommen. Wo weitreichende Prozesse wie etwa die Bedeutung von Kriegen für die Weltgeschichte, die Entstehung der Nationalstaaten, das Werden der bürgerlichen Gesellschaft, die Verfestigung der kapitalistischen Wirtschaft, die technischen Revolutionen oder die Globalisierung behandelt werden, wird auch von einer großen *Erzählung* gesprochen.

Die Ausbreitung des Worts *Narrativ* hängt sicher mit den Usancen internationaler Diskussionen zusammen. Es ist allerdings relativ schnell zu einem Modebegriff geworden, der banalen Erkenntnissen und Wissensbeständen den Anschein größerer Bedeutung vermitteln soll und der auch in vielen Feldern der Forschung für sehr kleine Erkenntnisfortschritte herangezogen wird. Gegenüber dieser Wichtigtuerei hat sich inzwischen auch schon Kritik formiert – oft mit Bezug auf übertriebene Tendenzen der Sprachregelung: Man dürfe nicht mehr *Affentheater* sagen, das heiße jetzt *Primatennarrativ*. Oder noch krasser: Man sage nicht mehr *bullshit*, richtig sei *Narrativ*.

Demgegenüber liegt im Gebrauch des Wortes *Narrativ* oder auch *Erzählung* für umfassende Entwürfe zur geschichtlichen Entwicklung und zu den gegenwärtigen Strukturen unseres Daseins eher eine Bescheidung. Das Verständnis solch prinzipieller Vorstellungen und Sinngebungen als Erzählung rückt ab von der dogmatischen Anschauung der Welt, denn stillschweigend ist damit zum Ausdruck gebracht, dass es auch andere Erzählungen gibt oder geben könnte. Gleichzeitig aber wächst dem Erzählen durch die Verwendung des Begriffs in zentralen Strukturfragen bedeutendes Gewicht zu. Dies färbt auch ab auf die *kleinen* Erzählungen, in denen die Menschen ihre Erfahrungen mitteilen, ihre Erlebnisse verarbeiten, ihre Ängste und Wünsche ausdrücken und persönliche Weltbilder zeichnen.

Diese bunte Erzählwelt ist nicht nur ein Feld beliebiger Unterhaltung, sondern eine zentrale Ausdrucksform menschlicher Kultur. Als Merkmal der Unterscheidung zwischen Mensch und Tier wurde lange die Sprache betrachtet. Aber über sprachliche Signale als Mittel der Verständigung verfügen auch Tiere – und keineswegs nur die uns nahestehenden Affen. Je genauer und sensibler die wissenschaftlichen Beobachtungen dazu angesetzt werden, umso deutlicher und differenzierter wird das Bild tierischer Kommunikation mit ›sprachlichen‹ Mitteln. Der wesentliche Unterschied liegt im menschlichen Umgang mit der Sprache und ihrer größeren Reichweite. Sie schafft und nutzt komplexe Ordnungs- und Zuordnungssysteme – und sie öffnet den Weg zur vielseitigen Orientierung in der Welt.

Es ist vielleicht zu pointiert, aber nicht falsch, wenn man feststellt: Der Mensch unterscheidet sich vom Tier durch das Erzählen. Er hat die Möglichkeit, nicht nur seine jeweils gegenwärtige Situation zu beschreiben und sprachlich zu reflektieren, sondern auch das Vergangene und das nur Ausgedachte vorzustellen. Es geht um die Dimension der Geschichte, die im seriösen historischen Rückblick abgerufen wird, aber auch in erzählten Geschichten lebendig ist, und es geht um die Reichweite der Phantasie.

Der Vielfalt der Erzählungen, aber auch den Spielarten des Erzählens widmet sich dieses kleine Buch. Es handelt im ersten Teil von persönlichen Geschichten, und zwar nicht nur von den Inhalten, sondern auch von den Konstellationen, aus denen die Erzählungen erwachsen. Der zweite Teil wendet sich den Erzählformen zu, die großenteils in einer Jahrhunderte alten Tradition stehen, als festes Angebot aber immer noch verfügbar sind und auch moderne Modifikationen aufweisen. Und im abschließenden dritten Teil geht es um die vielfältigen Impulse, die von der Sprachwirklichkeit auf die Erzählungen und das Erzählen ausgehen.

SICH AUSBREITEN AUSHOLEN SICH AUSLASSEN AUS-
MALEN AUSPLAUDERN BESCHREIBEN DARLEGEN DAR-
STELLEN FABELN FABULIEREN NACHZEICHNEN PLAU-
DERN SCHILDERN SCHWADRONIEREN SPRECHEN SICH
VERBREITEN VORSCHWÄRMEN VORTRAGEN ZUM BES-
TEN GEBEN ENTFALTEN AN DEN MANN BRINGEN AN DIE
FRAU BRINGEN AN DIE GROSSE GLOCKE HÄNGEN ÜBER
DIE DÖRFER GEHEN AUF DIE NASE BINDEN SICH AUS-
QUATSCHEN QUATSCHEN KLÖNEN SCHWÄTZEN RAT-
SCHEN RÄTSCHEN SICH AUSMÄREN VERZÄHLEN SINGEN
AUSTROMMELN SAGEN REESEN AUSSCHWATZEN HER-
UMTRAGEN SCHWATZEN SCHWÄTZEN LANDSCHAFTLICH
MÄREN AUFTISCHEN AUSPOSAUNEN HAUSIEREN GEHEN

ERZÄHLEN IM ALLTAG

SAGEN VERRATEN ZUTRAGEN PREISGEBEN MUNKELN
SICH AUSBREITEN AUSHOLEN SICH AUSLASSEN AUS-
MALEN AUSPLAUDERN BESCHREIBEN DARLEGEN DAR-
STELLEN FABELN FABULIEREN NACHZEICHNEN PLAU-
DERN SCHILDERN SCHWADRONIEREN SPRECHEN SICH
VERBREITEN VORSCHWÄRMEN VORTRAGEN ZUM BES-
TEN GEBEN ENTFALTEN AN DEN MANN BRINGEN AN DIE
FRAU BRINGEN AN DIE GROSSE GLOCKE HÄNGEN ÜBER
DIE DÖRFER GEHEN AUF DIE NASE BINDEN SICH AUS-
QUATSCHEN QUATSCHEN KLÖNEN SCHWÄTZEN RAT-
SCHEN RÄTSCHEN SICH AUSMÄREN VERZÄHLEN SINGEN
AUSTROMMELN SAGEN REESEN AUSSCHWATZEN HER-
UMTRAGEN SCHWATZEN SCHWÄTZEN LANDSCHAFTLICH
MÄREN AUFTISCHEN AUSPOSAUNEN HAUSIEREN GEHEN
QUASSELN HINAUSTROMPETEN AUSFÜHREN BERICHTEN
BERICHT ERSTATTEN SICH ERKLÄREN INFORMIEREN MEL-
DEN REDEN REFERIEREN SKIZZIEREN SPRECHEN UN-
TERRICHTEN VORTRAGEN WIEDERGEBEN UNTERBREITEN
ANVERTRAUEN HINTERBRINGEN MITTEILEN NENNEN
SAGEN VERRATEN ZUTRAGEN PREISGEBEN MUNKELN

Die Befreiung von Geschichten

Als Auftakt möchte ich eine kleine Geschichte vom Erzählen einer Geschichte erzählen. Ein Sommerabend. Im Garten sitzt ein kleiner Kreis von Leuten. Kein ›Erzählkreis‹. Auf Erzählkreise trifft man fast nur noch in organisierten Veranstaltungen. Aber in jedem geselligen Kreis gibt es Unterhaltung – im doppelten Wortsinn: als Zeitvertreib und Abwechslung, und als Austausch in Gesprächen. Wechselnde Kontakte bieten sich ebenso an wie wechselnde Inhalte, und in jedem Gespräch lauern gewissermaßen Erzählungen, die sich in den Vordergrund kämpfen, schlängeln, mogeln, wenn die Gelegenheit günstig ist. So ausgedrückt wird reifizierend die Erzählung zum Subjekt gemacht; aber natürlich sind es die jeweiligen Erzähler oder Erzählerinnen, die eine Geschichte, *ihre* Geschichte in den Vordergrund schieben.

Zu der abendlichen Runde gehören zehn Personen, die sich nur zum Teil vorher kannten. Es wird gegessen (sommerlich Leichtes) und getrunken. Man redet über Finessen der Kochkunst, über das Wetter, über Bekannte – die aber für einige unbekannt sind, sodass dies schon deshalb kein abendfüllendes Thema ist. Im Haus klingelt das Telefon, die Gastgeberin eilt weg. In solchen Fällen, sagt einer, wäre nun eben doch ein Handy praktisch. Mit seinem *eben doch* hat er eine Bewertung angedeutet; er ist an sich gegen das Handy, räumt aber ein, dass es Situationen gibt, in denen die mobile Kommunikation praktisch und erwünscht ist. Damit ist ein Thema angeschlagen, das eine ganze Weile trägt. Die scherzhafte schwäbische Erklärung des Namens (*Hen-die koi Schnur?*) erwähnt keines der Anwesenden – vermutlich nicht, weil sie niemand kennt, sondern weil bei solchen modischen Witzchen das Verfallsdatum schnell überschritten ist. Dagegen kommt es zu einer ganzen Reihe kritischer Äußerungen zum inflatorischen Gebrauch von Handys.

Zum Beispiel im Autoverkehr: *Neulich saß einer am Steuer und hatte auch noch das Telefonbuch auf dem Schoß; ich hab's an der Ampel gesehen.* Oder im ICE, wozu gleich mehrere mit Berichten und Kommentaren beitragen: Verwunderung über die hemmungslose Preisgabe von halb-intimen Dingen, Tadel der Talkshow-Mentalität im Kleinen, böse Worte über die Egozentrik und Wichtigtuerei von Managern im Abteil, und Kopfschütteln über Menschen, die während einer Zugfahrt irgendwelchen Verwandten oder Vertrauten mehrfach ihre Position melden – *Wir sind jetzt ganz dicht vor Frankfurt. Wir stehen in Kassel-Wilhelmshöhe, und so weiter.* Die Gespräche am Tisch werden nicht nur durch Gastroreferenzen und -reverenzen unterbrochen, sondern auch durch die Wachsamkeitssignale und die Bewegungen der Hunde des Hauses, die im Umkreis des Tisches lagern. Es handelt sich also um keine besonders konzentrierte Diskussion; aber das Handy behauptet sich als Leitmotiv.

Einer sagt, er habe neulich gelesen, Eberhard Gienger habe sein Handy bei einem Fallschirmabsprung verloren. Gienger muss in dem Kreis nicht vorgestellt werden; es handelt sich um einen Turner, der in den 1970er Jahren Weltmeister am Reck war und der später seine Bekanntheit und sein Prestige über eine eigene Agentur vermarktete, beispielsweise indem er bei größeren Sportveranstaltungen quasi als himmlischer Bote einen Zielsprung mit dem Fallschirm vorführte. Die Erwähnung seines Missgeschicks elektrisiert einen der Gäste am Tisch, der vorher fast nur zugehört hatte. *Das stimmt*, sagt er, und er wiederholt: *Das stimmt wirklich!* Inzwischen hat sich aber ein anderer Tischgenosse weiteren Assoziationen zum verlorenen Handy überlassen. *Ja*, sagt er, *auf dem Fundbüro der Bahn liegen fast immer ein paar Handys herum*. Und eine junge Frau schaltet um zu einem anderen Schauplatz. In der Landesbibliothek, das sei unheimlich lustig, klingle es immer wieder einmal in einem der Schließfächer neben der Garderobe.

Dann aber wagt sich der Gast, der vorher das Fallschirmereignis kurz erwähnt hatte, wieder nach vorn. Er spricht nicht die ganze Runde an, sondern seinen unmittelbaren Tischnachbarn. Er kenne den Eberhard gut, arbeite seit langem immer wieder einmal mit ihm zusammen. *Ach was?* sagt der Nachbar und fragt, ob das mit dem Handy denn wirklich passiert sei. Der Andere nickt, und jetzt ist der Weg frei für seine Erzählung. *Klar*, sagt er, *und das war überhaupt nicht witzig*.

Mit dieser Bemerkung gewinnt er vollends die Aufmerksamkeit von allen. Es stellt sich heraus, dass er tatsächlich dabei war. Oder vielleicht vorsichtiger formuliert, dass er erzählt, als sei er dabei gewesen – denn zur Aneignung von Erzählungen gehört gelegentlich auch, dass sie vereinnahmt werden, transponiert in eine Ich-Erzählung. In diesem Fall war der Erzähler allerdings tatsächlich beteiligt, und er demonstriert dies durch die Anführung zahlreicher Details. Eigentlich sollte der Absprung im Stuttgarter Neckarstadion enden, wo ein großes Sportfest mit vielen Zuschauern stattfand. Aber es herrschte starker Wind, und so wurde der Sprung im letzten Moment umdirigiert auf eines der Spielfelder neben dem Stadion. Wörtliches Zitat: *Der Ebse springt ab, und – na ja, hat sein Handy so in der Tasche und macht irgendeine Bewegung, noch ehe er die Reißleine zieht, und das Ding haut ab.* Danach Pause. Der Erzähler wartet – vielleicht auf irgendwelche Publikumsreaktionen. Aber das Publikum merkt, dass die Erzählung noch nicht zu Ende ist. Der Erzähler setzt wieder an: *Wenn das über dem Stadion passiert wäre! Das sind 200 Stundenkilometer aus dieser Höhe, vielleicht 1500 Meter. Das schlägt dich tot, da ist nichts zu machen.* Kurze Pause, und dann: *Ja, so war das. Im allerletzten Moment haben wir umgeplant.* Während der letzten Sätze gibt es deutliche Reaktionen der Zuhörenden. Teils gestisch, ein Kopfschütteln, das nicht Unglauben oder Zweifel andeutet, sondern Fassungslosigkeit, teils wenig artikuliert: Wow!, teils auch verbal – am deutlichsten mit dem Wort *Wahnsinn!*, der vielleicht häufigsten Formel für Bestätigung und Anerkennung, wenn es um die Erzählung eines besonderen Ereignisses geht.

Ein besonderes Ereignis war es, ein ganz unerhörter Vorfall. Jedenfalls wich das Ereignis so weit vom Normalen ab, dass damit die ›Erzählwürdigkeit‹ gegeben war. Und es war eine abgerundete Geschichte. Was gehört zu einer Geschichte, was sind die obligaten Strukturmerkmale? Darüber ist viel geschrieben worden. Als grundlegend können die soziolinguistischen Analysen betrachtet werden, die US-amerikanische Forscher in den 1960er Jahren anhand *mündlicher Versionen persönlicher Erfahrungen* entwickelten. Eine Erzählung beginnt mit der *Orientierung*; auch der Begriff *Exposition* wird verwendet. Die Ausgangslage wird charakterisiert, die Personen, die von Anfang an beteiligt sind, werden eingeführt. In unserem Fall genügt fast die Namensnennung, denn Eberhard Gienger war sehr bekannt. Erforderlich ist höchstens ein Hinweis auf seine Stellung als Sportrepräsentant und vor allem auf seine spezielle Funktion als Festival-Parachutist. Damit ist bereits ein Spannungsfeld aufgebaut – die Zuhörenden erwarten ein Problem, eine *Komplizierung*. Der Sprung als solcher ist für den Routinier kein Problem; es kommt auf andere Weise zustande: Da ist das Handy, das im freien Flug zwischen Himmel und Erde nichts verloren hat – schon in der Eingangsphase der Erzählung ist die Rede davon, dass sich das Mobiltelefon selbständig gemacht hat.

Die zitierte Strukturbeschreibung lässt auf Orientierung und Komplizierung *Evaluation* und *Resolution* folgen. Die Resolution – im Sinne von *Lösung* – wird in unserer Erzählung vorweggenommen; sie ist gegenwärtig im Hinweis auf die Platzverlagerung, die sich als Glücksfall erweist. Die Evaluation, die Bewertung ist in fast allen Phasen der Geschichte impliziert. Gleich zu Beginn schneidet die Bemerkung, das sei überhaupt nicht witzig gewesen, die komische Seite ab, die man dem Handy-Absturz ja auch abgewinnen könnte. Dann wird der menschenleere Landeplatz als glücklicher Umstand angeführt. Und später wird mit der Einschätzung *Das schlägt dich tot!* an die Gefahr und damit an den Leichtsinn des Springers erinnert. Dies ist auch eine Steigerung des allgemeinen Tadels am allzu lockeren Umgang mit dem Handy und damit eine Rückkopplung an die vorherige Unterhaltung.

Aber was ist mit der *Befreiung von Geschichten* gemeint? Ich kehre noch einmal an den Anfang zurück. Aber wo liegt dieser Anfang? Der Auftakt der eigentlichen Geschichte ist die Exposition: Eberhard Gienger ist engagiert für einen seiner Fallschirmsprünge. Aber die Erzählung fängt früher an. Der kurze Hinweis auf einen Zeitungsbericht zu dem Vorfall wird quittiert mit der Feststellung: *Das stimmt! Das stimmt wirklich!* Das ist nichts anderes als eine Wortmeldung. Sie wird nicht sofort auf- und angenommen, aber die Geschichte lugt gewissermaßen schon über den Rand – sie muss ›befreit‹, muss realisiert werden. Deshalb kauft sich der Noch-nicht-Erzähler seinen Tischnachbarn, und auf dessen Rückfrage, ob das denn tatsächlich passiert sei, antwortet er: *Klar, und das war überhaupt nicht witzig.* Damit hat er die Aufmerksamkeit der ganzen Tischgesellschaft; er hat das Wort.

Beim Sprecherwechsel in einer Konversation unterscheidet man zwischen dem ›Ergreifen‹ des Worts durch eins der Anwesenden (*self-selection*) und der Überlassung oder Zuweisung des Rederechts (*allocation*). Hier geht beides ineinander: Der an dem Ereignis Beteiligte beansprucht und nimmt sich den Spielraum, davon zu erzählen, aber die Plattform wird ihm auch bereitgestellt, zumindest freigegeben. Nach dem strategischen Vortasten, einer weithin unreflektierten Auseinandersetzung mit anderen möglichen Sprecherinnen und Sprechern gehört ihm die Bühne, und damit kann er mit seiner Geschichte richtig einsetzen.

Meine These ist, dass der Druck auf die Übernahme, die Usurpation des Gesprächs besonders groß ist, wenn im Hinterkopf eine Geschichte, eine wirkliche Geschichte rumort. Deshalb ist nach der Entäußerung, der Befreiung der Geschichte auch die Befriedigung größer als in der Reaktion auf einen bloßen Diskussionseinwurf. Die abschließende Bemerkung: *Ja, so war das!* und der nochmalige Hinweis auf die Gefahr, an der man so dicht vorbei geschrammt ist (*Im allerletzten Moment haben wir umgeplant*) – dieser Schluss bringt keine neue Information, sondern rundet die Geschichte ab. Der Erzähler setzt noch einmal Akzente für sein Publikum und klinkt sich wieder ein in die allgemeine Unterhaltung. Gleichzeitig bestätigt er aber auch sich selbst, dass sein Werk mehr oder weniger glücklich abgeschlossen ist. Er lehnt sich gewissermaßen zurück: Voilà!

Es ist ein Unterschied, ob lediglich eine einzelne Beobachtung beziehungsweise Meinung wiedergegeben, oder ob eine Geschichte erzählt wird – und sei sie noch so kurz und harmlos. Dies hängt mit dem ästhetischen Mehrwert von Geschichten zusammen, den der Erzähler von Anfang an empfindet. Er gibt nicht nur Informationen weiter, sondern er präsentiert eine Kunstform, *verbal art*, eine Komposition mit kleinen Höhepunkten, eine Ganzheit mit Anfang und Ende. Für den Erzähler ist das Ganze gegenwärtig, und mit seinem Einstieg vermittelt er auch den Zuhörerinnen und Zuhörern den Wunsch, dieses Ganze zu erfahren und aufzunehmen. Am Ende löst sich nicht nur die Spannung, sondern rundet sich auch das Bild.

In der alltäglichen Kommunikation werden Erzählungen in der Regel nicht in isolierter Form präsentiert. Sie sind eingebettet in das Gespräch und tauchen auf aus der Vielfalt dialogischen Redens. Wer erzählen will, muss Mittel finden, dies deutlich und für die anwesenden Gesprächsteilnehmerinnen und -teilnehmer möglichst schmackhaft zu machen. Er muss einen Freiraum für seine Geschichte(n) schaffen, angewiesen darauf, dass ihm die anderen das Feld für die Dauer seiner Erzählung überlassen. Dies bringt diese Skizze zum Ausdruck. Ihr Akzent liegt auf der Einsicht, dass die Geschichten selbst erheblichen Druck auf die potenziellen Erzählerinnen und Erzähler ausüben. Diese versuchen den Druck schon im Vorfeld an das anvisierte Auditorium weiterzugeben. Ausgeglichen werden kann der Druck nur durch das Erzählen. Die Geschichte wird befreit – und der Erzähler wird von seiner Geschichte befreit, ohne dass er sie verliert.

Die Kunst der Beiläufigkeit

Zu den nostalgischen Klagen über die Gegenwart gehört gelegentlich auch die Feststellung, es werde nicht mehr erzählt. Die Erzählforschung als Teil der Folkloristik hat – begonnen mit den Brüdern Grimm und bis zum Gipfelplateau der 15-bändigen »*Enzyklopädie des Märchens*« – für die traditionellen Erzählformen so umfangreiche Ergebnisse vorgelegt, dass neuere Entwicklungen oft im Abseits blieben; und in der Bilanzierung durch Nicht-Fachleute wird der Rückgang oft noch stärker betont. *Es wird nicht mehr erzählt* – den Maßstab für diese Behauptung liefern romantische Bilder von Erzählrunden, die regelmäßig zusammenkamen, womöglich unter einem mächtigen Lindenbaum.

Kein Zweifel, es gab solche Zusammenkünfte, und es gab männliche und weibliche Erzählprofis, die lange Zeit einzelne Erzählkreise bedienten und beherrschten, die aber ihre Kunst zum Teil auch in Wanderungen von Ort zu Ort umsetzten. Außerdem gab es – meist nicht eigens organisiert – Erzählrunden auch in zwangsweise entstandenen Gruppen, etwa beim Militär oder in Kliniken. Und in der agrarisch bestimmten Gesellschaft fanden sich auch Wirtschaftszweige, in denen die Arbeit ganze Gruppen von Menschen zusammenführte, ohne dass sie von dröhnendem Lärm belästigt wurden. Zum Beispiel wurden Orte der Tabakbearbeitung und der Zigarrenherstellung als günstiges Erzählmilieu für die klassischen Erzählgattungen erkannt. Aber vor allem aus weniger extensiv industrialisierten Ländern kommen bis heute auch Belege dafür, dass sich das Repertoire nicht auf die klassischen Folklorestücke beschränkte, dass vielmehr auch persönliche Erlebnisse und moderne Geschichten erzählt wurden.

Die ungarische Forscherin Ilona Dobos hat dies schon in den 1960er Jahren festgestellt. Sie betont zwar, dass die Erzählerinnen und Erzähler aus einer Umgebung kamen, wo das Erzählen von Märchen als *gewohnte Zerstreuung galt*, dass sie aber auch mit Alltagsgeschichten auftraten. In einer von Dobos protokollierten Episode präsentiert eine Erzählerin wahre Geschichten, wie sie es nennt. Die Einleitung zu einer dieser Geschichten ist wörtlich zitiert: *Ich will Ihnen eine sehr interessante Geschichte erzählen. Ich habe sie hier schon häufig erzählt. Nur weiß ich nicht, wie ihr Titel sein sollte, ›Die heimtückische Schwiegermutter‹ oder ›Die tapfere Schwiegertochter‹.* Das ist sie selbst, und sie erzählt, dass ihr die Schwiegermutter nach dem Tod ihres Sohnes ein kleines Vermögen vorenthält. Die Erzählerin stellt also ihre Integrität heraus, scheut sich aber offenbar nicht, trotz der sehr persönlichen Note die Geschichte mehrfach in ihr Programm zu nehmen.

Ganz allgemein lässt sich feststellen, dass die Neuheit keine Bedingung für das Erzählen und den Erfolg des Erzählens ist. Von Kindern weiß man das; sie können geradezu süchtig werden nach einer bestimmten Geschichte, und das gilt auch für die Verlängerung in die Elektronik. Man kann beispielsweise unterstellen, dass es weltweit Millionen von Kindern gab und gibt, die sich die Weihnachtszeit nicht vorstellen können ohne die mehrfache Nutzung der in vielen Sendern bereitgestellten wunderschönen tschechischen Verfilmung einer Aschenputtel-Version. In abgeschwächter Form gilt dies aber auch für Erwachsene. Man denke nur an die Stammtische, an denen über lange Zeitstrecken die immer gleichen Personen zusammenfinden und Neuigkeiten austauschen, aber auch Geschichten am Leben halten. Grundsätzlich muss, was erzählt wird, nicht neu und unbekannt sein; es kann auch Gefallen erregen, indem es mit der Erinnerung der Zuhörenden zusammentrifft. Es stimmt auch nicht, dass man über einen Witz nur einmal lachen kann; wäre es so, müsste mancher Kabarettist in Rente gehen.

Die in dem ungarischen Beispiel vorgestellten ›gewachsenen‹ Erzählkreise, die in kleineren Orten oder Wohnquartieren für alle offen standen, gibt es bei uns kaum mehr, und sie dürften auch schon lange verschwunden sein. Das Bedürfnis einer gemeinsamen Unterhaltung durch Erzählungen wird aber hie und da in eigens organisierten Formen gedeckt – durch Angebote in Schulen, bei Erzählabenden von Jugendgruppen am Lagerfeuer, in speziellen Märchenkreisen. Auch besondere Wettbewerbe finden hin und wieder statt wie das *Lügenbeutelfest* in der kleinen schwäbischen Stadt Vellberg, wo allerdings überwiegend schriftlich fixierte Lügengeschichten vorgetragen werden. Außerdem gibt es Erzählrunden mit einer therapeutischen gruppendynamischen Funktion.

Aber auch sonst wird erzählt. Es fällt nur wenig auf, weil die Unauffälligkeit zur Stilform der heutigen Erzählvorgänge gehört. Die Erzählungen sind eingebettet in Gespräche; es sind – in der linguistischen Benennung – *konversationelle Erzählungen*. Das heißt nicht nur, dass ein Rahmen gegeben ist, in dem vor und neben der Erzählung auch andere Äußerungen zur Geltung kommen, sondern auch, dass sich das Erzählen nach diesem Rahmen richten und dass die Erzählung in diesen Rahmen passen muss. Die Beiläufigkeit des Erzählens ist dabei nicht nur ein Faktum, sondern eine Norm. Eine junge Frau brachte dies in einem Bericht über das Erzählen in einem Kreis von Jugendlichen klar zum Ausdruck: *Manchmal, wenn wir zusammensitzen, merke ich: der will unbedingt noch eine Geschichte loswerden. Aber er darf natürlich nicht einfach drauf los erzählen, er muss eine gute Gelegenheit abwarten*. Oder, so kann man hinzufügen, er oder sie muss eine gute Gelegenheit schaffen.

Dazu gibt es Taktiken, stilistische Tricks, die den Gestus der Beiläufigkeit bewahren und doch auf das volle und alleinige Recht zum Erzählen zielen. Mit einer literarischen Erzählpassage über das Erzählen lässt sich dies vorführen. Christoph Hein veröffentlichte 1984 in der DDR »*Das Wildpferd unterm Kachelofen*« als Kinderbuch; aber es ist auch ein Buch für Jugendliche und Erwachsene mit allerhand bunten Geschichten. Ein Kapitel handelt vom *Clochard Panadel*, der als leidenschaftlicher Erzähler vorgestellt wird:

Nichts liebte Panadel der Clochard mehr, als über das Leben zu plaudern. Wann immer er eine Gelegenheit sah, erzählte er eine Geschichte darüber. Und er erzählte sie auch, wenn keine Gelegenheit da war. Er war durch die Welt gekommen und hatte dies und das erlebt, worüber man reden könnte, und er redete gern. Und wie alle Geschichtenerzähler war er der

Ansicht, seine Erfahrungen könnten der Jugend von Nutzen sein. (...) Wenn der Clochard etwas erzählen wollte, so pflegte er zuvor seltsame, kleine Bemerkungen von sich zu geben, von denen er annahm, dass sie Interesse weckten. So brachte er es fertig, an einem schönen Sommertag, während alle am Strand des Flusses lagen, sich in der Sonne wärmten und vom Schwimmen ausruhten, plötzlich zu verkünden: ›Geteiltes Leid ist halbes Leid.‹ Oder er sagte: ›Das ist nun bald sechzig Jahre her.‹ Oder auch: ›Das wird die Nadel aus der Rille reißen.‹ Einmal rief er sogar voll Inbrunst: ›London – das Mekka jedes jungen Anwärters auf finanziellen Erfolg.‹

Mit solcherlei Unsinn versuchte er, Aufmerksamkeit zu erregen. Und sobald einer unüberlegt, weil schläfrig, fragte: ›Was willst du damit sagen?‹, fand Panadel eine gute Gelegenheit, über das Leben zu erzählen und begann: ›Nun, das ist eine lange Geschichte. Aber da du mich so dringlich darum bittest, will ich sie dir erzählen. Also, hör zu, es war folgendermaßen.‹ Und dann erzählte er und erzählte.

Bei Christoph Hein mündet die Geschichte in die Feststellung, dass sich alle langweilten, dass allen der Sonntag verdorben war – außer dem Clochard. Dieser einseitige Befund ist aber keineswegs zwingend. Auch das beiläufige Erzählen kann die Zuhörenden in seinen Bann schlagen, und der Trick des Clochards, der mit einer merkwürdigen Aussage einen Köder auswirft, ist nicht der einzige mögliche Weg.

Eine Systematik des Beiläufigen kann nicht entwickelt werden, weil sich die Vielfalt der Erzählsituationen dem verweigert. Aber immerhin lassen sich einige häufiger vorkommende Darbietungsformen mit ihren zugehörigen Eröffnungsstrategien herausarbeiten. Versuchsweise verwende ich für die Gliederung die drei Stichwörter *Aktualisierung*, *Assoziation* und *Apologie*.

Aktualisierung: Interessante kleine Geschichten werden gespeichert, wandern ins Repertoire, werden bei der Neuaufnahme aber näher an die Gegenwart herangerückt – was als aktuell vorgestellt wird, findet im Allgemeinen mehr Aufmerksamkeit als längst Vergangenes. In Stuttgart gab es vor einigen Jahren eine große Razzia in einer ›Sauna‹ – einer Sauna mit Anführungszeichen. Erzählenswert wurde die Aktion dadurch, dass offenbar einige vornehme Herren halbnackt aus dem Etablissement flohen. Zufällig hörte ich die Geschichte zweimal in einem gewissen Zeitabstand vom selben Mann, der sie aber in beiden Fällen als ganz aktuelle eigene Beobachtung stilisierte. Die zeitliche Nähe, zudem oft verbunden mit der örtlichen Nähe, ist ein Magnet für potenzielles Publikum, und sie bietet eine gute Chance, Gespräche in die Bahn einer Erzählung zu lenken.

Assoziation: Noch besser und leichter funktioniert dies, wenn sich das Gespräch bereits in einem Themenkreis bewegt, zu dem eins der Beteiligten auch eine Geschichte parat hat. Ein Beispiel für die assoziative Fortsetzung: Zu einer Debatte über Erfahrungen mit Verkehrsstau können in einem kleinen Kreis fast alle ihre Erfahrungen beitragen; aber manchmal kann einer oder eine auf ein ungewöhnliches Erlebnis zurückblicken, für dessen ausführliche Erzählung nach einer kurzen inhaltlichen Andeutung der Platz freigegeben wird. *Mitten im Stau ist damals ein Kind geboren worden* – das genügt, um das Rederecht, die Möglichkeit des Erzählens zu sichern.

Apologie: Auch über eine Entschuldigung kann der Weg

zu einer längeren Erzählung geöffnet werden. Beim Projekt einer umfangreichen Tondokumentation zur Erfassung von Dialekten war das Bestreben, die Leute zum möglichst natürlichen Sprechen zu bringen, und dafür waren ihre Erzählungen gefragt. Trotzdem kam es regelmäßig vor, dass dabei zunächst angefragt wurde, ob eine Erzählung genehm sei. *Das muss ich Ihnen fast erzählen!* war eine Einleitung, oder auch die Frage: *Haben Sie so viel Zeit?* Das sind Floskeln, die auch in normalen Gesprächen ohne elektronische Aufzeichnung üblich sind – Bitten um die Freigabe der Erzählzeit.

Eine Funktion, die ziemlich durchgängig vorkommt, ist die des *Auftrumpfens*, um bei der A-Serie zu bleiben. Schlichter gesagt: Im Erzählen stecken meistens auch Elemente des Wettbewerbs. Eine Erzählung ist mehr als eine flüchtige Anmerkung oder eine bloße Anspielung im Gespräch. Und wenn mit ihr auf die vorausgegangene Erzählung einer anderen Person reagiert wird, ist es oft ein Versuch der Übertrumpfung. Beim Thema Krankheit liegt dies nahe, nicht nur, weil mit der ernsteren oder lästigeren Krankheit stärkeres Mitgefühl ausgelöst werden kann, sondern auch weil die meisten Menschen aus ihrer Vergangenheit und Gegenwart viele Diagnosen verfügbar haben. Der Charakter des Wettbewerbs wird aber auch bei anderen Themen deutlich: *Meine Kinder haben* – zu ergänzen durch besondere Leistungen oder auch besonders herausfordernde Untaten. In beiden Fällen kommt es leicht zur Reaktion mit Steigerungen gegenüber dem vorher Erzählten.

Um eine absolute Neuerung handelt es sich bei den aus Gesprächen herauswachsenden Erzählungen nicht; aber wahrscheinlich brauchte man früher weniger Begründungen und Tricks, um im Gespräch den Exkurs einer Erzählung zu ermöglichen, weil die Gespräche eher seltener, aber auch ruhiger waren. Schon um die Wende zum 19. Jahrhundert registrierte der Soziologe Georg Simmel Veränderungen im Kommunikationsverhalten: mehr und häufigere Kontakte, die aber zwangsläufig meist flüchtig und oberflächlich blieben. Das Erzählen steht konträr zu dieser Interaktionsform; es fordert Zeit, Aufmerksamkeit, Behaglichkeit. Es braucht also einen Prozess der Vermittlung zwischen dieser intensiven, anspruchsvollen Form und der weithin dominierenden extensiven Kommunikation. Die Erzählung muss der Flüchtigkeit abgelistet, muss vielfach in die insgesamt nervöse und rasche Interaktion eingeschmuggelt werden.

Der Kommunikationsstil der modernen, urbanisierten Gesellschaft führt zur Beiläufigkeit der (Erzähl-)Kunst. Die Gegenstrategie ist die von manchen Erzählerinnen und Erzählern virtuos gehandhabte Fähigkeit, Bedeutsames in die flüchtige Konversation zu bringen – die Kunst der Beiläufigkeit.

Man erzählt immer von sich selbst

Dass Erzählende ihre Geschichten nicht nur gestalten, sondern oft auch darin vorkommen, ist an sich kein aufregender Tatbestand. Erzählt werden ja doch vielfach eigene Erlebnisse, also Vorgänge, bei denen die Erzählenden selbst eine Rolle spielten, oder auch eigene Beobachtungen, mit denen die Erzählenden ihr Publikum in ihre Perspektive hineinziehen. Dafür, dass eine Erzählung *ankommt*, dass ein Erzählvorgang also gelingt, ist diese Konstellation eine günstige Voraussetzung. Sie deckt sich aber nicht mit der Annahme, man erzähle *immer* von sich selbst. Diese weitergehende These kann nur bestätigt werden, wenn sie auch auf Erzählungen anwendbar ist, in denen die Erzählenden nicht direkt ›vorkommen‹. Und tatsächlich gibt es grundsätzlich indirekte Hinweise auf die erzählende Person, auch wenn diese im vorgetragenen Geschehen nicht handelnd auftritt und sich auch nicht auf die eigene Erfahrung berufen kann. Die Auswahl des Erzählstoffs lässt gewisse Schlüsse auf dominierende Interessen und Neigungen der Erzählenden zu, und die Akzentuierung des Geschehens, also die Art und Weise der Darstellung kann diese Schlüsse ergänzen und präzisieren.

An einfachen Beispielen aus der alltäglichen Kommunikation lässt sich dies zeigen. Zu den häufigsten Formen gehört der Klatsch, also das Gerede über nicht anwesende Personen. Die Problematik liegt dabei auf der Hand; in vielen Fällen geht es um die Aufdeckung negativer Tatbestände, die oft keineswegs gesichert sind, und generell ist ein denunziatorischer Grundton im Spiel. Greift jemand Klatschgeschichten aus dem engeren Umkreis auf, dann sagt dies bereits einiges über die Einstellung und vielleicht auch das soziale Verständnis und Verhalten aus – schließlich kann man derartige Berichte und Gerüchte ja auch ignorieren. Zusätzlich lassen sich Schlüsse ziehen aus der Art des Weitererzählens; was vermeintlich geschehen ist, kann als Tatsache präsentiert, aber auch als ungesichert oder als bösartige Denunziation vorgestellt werden. Was aus Medienberichten einschließlich der Zeitungslektüre oder aus Gesprächen mit Anderen ins eigene Repertoire übernommen wird, lässt ebenfalls Schwerpunkte der Orientierung erkennen. Es gibt Leute, die regelmäßig wiedergeben und oft ausmalen, was sie über Unfälle gelesen oder gehört haben; und auch hier lassen sich aus der Form der Akzentuierung Schlussfolgerungen ziehen. So kann etwa empathisch über Ausmaß und Schwere der entstandenen Verletzungen gesprochen werden, aber oft rückt auch der technische Sachschaden samt den entstandenen Kosten in den Mittelpunkt.

Natürlich sind Folgerungen aus der Betonung inhaltlicher Partien und aus der Form des Erzählens auch möglich, wo die Erzählenden von eigenen Erfahrungen ausgehen. Zum üblichen Umfeld von Reisen gehören nicht nur elektronische Kurznachrichten und – immer noch – Postkarten von unterwegs, sondern auch die Berichte und Erzählungen der Heimkehrer. In diesen wird deutlich, was für die Reisenden wichtig war – oder auch, worauf sie den Blick ihrer Adressaten lenken wollen. Oft sind es die weiten und langen Wege, die herausgestellt werden, indem die Strecke durch zahlreiche Namen besuchter oder auch nur passierter Orte charakterisiert wird. Der Akzent kann aber auch auf Essen und Trinken oder die Unterbringung gelegt werden, sei es mit positiver oder kritischer Bewertung. Seltener, weil auch schwieriger in Worte zu fassen sind Schilderungen aufgesuchter Landschaften und besichtigter Kunstwerke. Die häufig vorkommende bloße Aufzählung entspricht dabei der Art der Begegnung: Die sogenannte Erlebnisgesellschaft ist mutiert zur Ergebnisgesellschaft, in der die obligaten Sehenswürdigkeiten nur abgehakt werden.

Aufschlussreich ist auch der Umgang mit Krankheiten in der Erzählung. Sie gehören zu den häufigsten, man kann sogar sagen beliebtesten Themen. Mit detaillierten Schilderungen von Krankheiten – den eigenen oder denen nahestehender Personen – wird um Anteilnahme geworben. Allerdings kommen auch die medizinischen Weichenstellungen zur Sprache, in der sicheren Erwartung, dass dies auch beim Gegenüber Erinnerungen und Kommentare auslöst. Fast regelmäßig werden Krankheitserzählungen mit Krankheitserzählungen beantwortet. Die Erwähnung oder Schilderung von Krankheiten provoziert Reaktionen, die im gleichen Themenfeld bleiben – im günstigen Fall, wenn von Heilungschancen die Rede ist, als tröstliche Botschaft, häufiger aber als Ausdruck der Konkurrenz um Mitleid, immer aber als ein Stück Selbstdarstellung.

Damit sind wir bei den vielen und vielfältigen Erzählungen, bei denen Hinweise auf die Erzählenden nicht nur Begleiterscheinungen sind, sondern der wesentliche Zweck. Es gibt eine Art *Selfie*-Erzählungen, in denen ganz direkt von der eigenen Person gesprochen wird, ohne dass dazu eine richtige Geschichte gehört. Ähnlich wie bei der entsprechenden Fotopraxis wird das Selbst aufgewertet durch einen Standort mit interessantem und gefälligem Dekor oder durch eine zweite Person, die ins Bild gerückt wird. Eine junge Frau erzählt ihrer Freundin: *Stell dir vor, auf dem Flug nach Berlin, die ganze Maschine war ausgebucht, und ganz vorne saß die Corinna Harfouch.* Ein banaler Tatbestand, aber der Ruhm der Schauspielerin färbt ab auf die Erzählerin, die sie immerhin in der Menge der Passagiere entdeckt hat; und es entsteht ein Gespräch, in dem die beiden Frauen im Wechsel von anderen Begegnungen und auch von Kinofilmen erzählen.

Wird von realen Vorgängen und Erfahrungen erzählt, so ist es fast die Regel, dass das Handeln der Erzählenden in ein günstiges Licht gerückt wird – auch wenn dazu der tatsächliche Ablauf korrigiert werden muss. Man kann hier das Stichwort *Treppenwitz* ins Spiel bringen, das nur noch selten und meist recht unspezifisch für irgendwelche schrägen Vorgänge verwendet wird, dessen ursprüngliche Bedeutung aber auf den hier anvisierten Sachverhalt zuführt. Der Ausdruck ist eine Übersetzung des französischen *L'esprit d'escalier* und besagt, dass einem nach einer wichtigen Audienz die geeigneten schlagfertigen Antworten erst beim Abgang auf der Treppe einfallen. Sie wandern aber leicht in das Erzählen des Vorgangs, sodass die tatsächliche devote Haltung in mutigen Widerspruch verwandelt wird. Diese Korrektur ist nicht ungewöhnlich, wobei es natürlich nur selten um die Vorsprache bei hohen Herrschaften geht, vielmehr um Begegnungen mit Vorgesetzten im Betrieb oder auch um die Aussprache mit Ehepartnern und Familienangehörigen.

Bedeutsamer noch als diese Beschönigung aktueller Vorgänge sind die Korrekturen in der Darstellung der Vergangenheit, die sich fast unbewusst in die Erinnerung einschleichen können, oft aber auch bewusst gesetzt werden. Es kam vor, dass angesehene Familienforscher gewichtige Persönlichkeiten in ihre Ahnentafel schmuggelten. Aufschlussreich sind auch Erzählungen aus den Kriegen, die jedenfalls früher oft der Neigung zur Glorifizierung folgten. Ernst Jünger bewahrte einen zerschossenen Stahlhelm auf und beschrieb die zugehörige Geschichte in seinem berühmten Weltkriegsbuch »*In Stahlgewittern*«, in dem der einen feindlichen Stoßtrupp anführende englische Offizier in den Neuauflagen viel näher an die deutsche Stellung heranrückte als in der ersten Textfassung. Etwas harmlosere Korrekturen könnten aus den Stilisierungen von Sportgeschichten beigebracht werden; und hier drängt sich erneut der Blick in die Gegenwart auf, wo auch unter privaten Aktiven negative Ergebnisse vielfach ausgeblendet oder mit nicht vermeidbaren Umständen entschuldigt werden.

Für Erzählungen, die nicht nur Einzelheiten im Sinne günstiger Selbstdarstellung ›ausbessern‹, sondern insgesamt die Realität ihren Wunschvorstellungen anpassen, ist der Begriff *Rechtfertigungsgeschichten* eingeführt worden. Man denkt bei diesem Wort fast automatisch an die Nachkriegszeit. Die Verfälschung der Erinnerung, die Sigmund Freud anhand vieler Einzelfälle psychologisch durchleuchtete, wurde in der der Präsentation solcher Geschichten zu einer kollektiven deutschen Übung. Die US-amerikanische Journalistin Martha Gellhorn hat dies in einem ironischen Text zum Ausdruck gebracht. Er beginnt: *Niemand ist ein Nazi. Niemand ist je einer gewesen. Es hat vielleicht ein paar Nazis im nächsten Dorf gegeben, und es stimmt schon, diese Stadt da, zwanzig Kilometer weiter entfernt, die war eine regelrechte Brutstätte des Nationalsozialismus. Und dann folgen, aufgelistet, die konkreten Entschuldigungen: Ich habe einen Juden versteckt, er hat einen Juden versteckt, alle Kinder Gottes haben Juden versteckt. (…) Der Junge war nie in der Hitlerjugend. Er war krank. (…) Wir haben wochenlang im Keller gelebt. Und noch Jahre danach in Trümmerwohnungen.* – Lauter Entlastungen, wie man sie nennen könnte, zumal dies ihre Funktion vor den sogenannten Spruchkammergerichten war, die über das Verhalten in der Nazizeit urteilten. Und schließlich das sarkastische Resümee: *Wir sind keine Nazis. Wir waren keine Nazis. Man müsste es vertonen. Dann könnten alle Deutschen diesen Refrain singen.*

Dass die in den damaligen Verfahren vorgebrachten Argumente in vielen Fällen vorgeschoben waren, ist offenkundig. Allerdings lassen sie sich nicht immer als Lügen charakterisieren; vielmehr hatten die Menschen tatsächlich oft NS-Gläubigkeit und andere Orientierungen unter einen Hut gebracht. In Österreich war beispielsweise kritisch von einer Haselnusshaltung die Rede, schwarzbraun, weil nicht wenige NS-Funktionäre im Rahmen kirchlicher Institutionen aktiv blieben. Für die allgemeine Einschätzung von Rechtfertigungsgeschichten ist aber vor allem die Beobachtung wichtig, dass die geschönten und zu Unrecht korrigierten

Episoden durch häufiges Erzählen gerade auch für die Erzählenden immer glaubhafter werden – was aus gutem Grund ein gewisses Misstrauen gegen alle autobiografischen Darstellungen nährt. Vermutlich kann fast niemand behaupten, er oder sie lege keinerlei Wert darauf, für Andere positiv oder doch akzeptabel zu erscheinen. Dies gilt auch dort, wo es in einer Erzählung nicht um die eigene Person geht. Wenn kritisch von Leuten erzählt wird, die über Zugewanderte herziehen oder sie ausdrücklich ausgrenzen, dann impliziert dies die gegensätzliche Einstellung der Erzählerin oder des Erzählers. Wenn in einer Geschichte das Luxusbestreben reicher Nachbarn angeprangert wird, ist dies zugleich ein Hinweis auf die eigene sparsame und sozialverträgliche Lebensweise. Und wenn sympathisierend die Arbeitsamkeit oder die intensive Kinderbetreuung befreundeter Familien in Erzählungen thematisiert wird, ist dies zwar keine Garantie für gleichartiges Handeln, wohl aber für eine ähnlich positive Einstellung der Erzählenden.

Es stimmt schon: Man erzählt immer auch von sich selbst. Mit Erzählungen wird am eigenen Image gearbeitet, also an der Sicht von außen. Aber die zurechtgebogenen Geschichten, die oft mehrfach wiederholt werden, haben auch einen unmittelbaren Effekt der Stabilisierung; sie verbessern das Selbstbild und stärken die Selbstsicherheit der Erzählerinnen und Erzähler.

Perlmanns Erzähltheorie

Philipp Perlmann, Professor an der Frankfurter Goethe-Universität, ist ein angesehener, vielfach ausgezeichneter Sprachforscher und Philosoph. Im Gelehrten-Lexikon (das gibt es, und Viele kaufen es, wenn sie drin stehen) ist er nicht angeführt, und das geht in Ordnung: Er ist die Titelfigur und Hauptperson des Romans »*Perlmanns Schweigen*« von Pascal Mercier, und dieser Autorenname ist das Pseudonym des aus der Schweiz stammenden Peter Bieri, der bis 2007 Philosophie an der Freien Universität Berlin lehrte.

Der 1995 erschienene Roman gehört in den weiteren Umkreis der sogenannten Campus-Romane, auch wenn die Handlung nicht in einer Hochschule angesiedelt ist, sondern in einem italienischen Hotel an der ligurischen Küste. Perlmanns internationales Renommee hat ihm die ehrenvolle Einladung der Weltfirma Olivetti eingebracht, eine kleine Zahl von Linguisten zu benennen, die in dem Hotel über mehrere Wochen weg unter seiner Leitung neue linguistische Forschungsergebnisse vortragen und diskutieren dürfen. Das ist nicht nur, was den Ort der Handlung anbetrifft, ein Unterschied gegenüber den üblichen Campus-Romanen. Diese legen den Akzent meist auf Verwicklungen, die mit der inhaltlichen wissenschaftlichen Arbeit wenig zu tun haben – etwa nach dem Muster: Professor liebt Doktorandin und gerät dadurch in Schwierigkeiten. In Mercier-Bieris Roman dagegen werden die an der Tagung Teilnehmenden zwar auch mit Blick auf ihren privaten Hintergrund und ihre Vergangenheit charakterisiert; aber im Zentrum stehen wissenschaftliche Überlegungen und Kontroversen, die vor allem um die sprachliche Gestaltung von Erinnerungen kreisen und damit unserem Thema, den Problemen des Erzählens nahe kommen.

Mischen wir uns also unter die kleine akademische Gesellschaft in dem schönen Hotel. Da ist eine junge Spanierin, ein vornehmer, auf Förmlichkeiten eingeschworener Hamburger, ein an der Universität Bochum tätiger Schwabe, ein selbstgefälliger US-Amerikaner, eine australische Forscherin, die in Afrika die Kommunikation von Tieren verfolgt, und schließlich ein italienischer Professor, der in einer psychiatrischen Klinik arbeitet. Das ist eine bunte und manchmal explosive Mischung von Charakteren und Temperamenten, die Perlmann – aus seiner Perspektive ist der ganze Roman erzählt – die Chance gibt, immer wieder durch die *Assoziationskorridore fremder Sprachen zu laufen* (144) und damit spielerisch die Freiheit von Identitätsverschiebungen zu erleben – ohnehin wäre er am liebsten *ein Langstreckenläufer durch alle Sprachen der Welt* (283). Er ist in einer tiefen Krise, ausgelöst durch den plötzlichen Tod seiner Frau, die zur Annahme der Einladung gedrängt hatte und eigentlich mitfahren wollte.

Angelegt aber war die Krise schon vorher. Ein Ennui gegenüber seinen akademischen Aufgaben und die Wissenschaft generell hatte allmählich von ihm Besitz ergriffen – einfühlsam geschildert von Peter Bieri, der später seine akademische Stelle vorzeitig verließ, um der *Diktatur der Geschäftigkeit* an der Universität zu entkommen. Perlmann sieht sich nicht in der Lage, an einem eigenen Entwurf zu arbeiten, den er zur Diskussion stellen könnte. Statt dessen beißt er sich fest am Manuskript des russischen Kollegen Vasilij Leskov, der aus persönlichen Gründen und wegen bürokratischer Schwierigkeiten absagen musste. In dessen russisch verfasster Abhandlung untersucht er die Rolle der Sprache für die Erinnerung – *das Vergangenheit schaffen durch das Erzählen von Erinnerungsgeschichten* (66). Im Erzählen wird die Vergangenheit (re-)konstruiert, aber auch die persönliche Identität.

Perlmann liest bei Leskov, *dass diejenige Art von artikuliertem Selbstbild, auf der unser Erinnern beruhe, nur durch sprachliche Konturierung, durch das Erzählen von Geschichten, zustande kommen könne* (92). Der Sprache und damit auch dem Erzählen wird so eine *Schlüsselrolle im episodischen Gedächtnis* (107) zugewiesen. Erinnerndes Erzählen sei nicht die *sprachliche Bestandsaufnahme eines festgefügten Materials, es entstamme vielmehr dem Bedürfnis, aus der erinnerten Szene und der eigenen Anwesenheit in ihr ein sinnvolles Ganzes zu machen* (110). Weiter bei Leskov: *Der Erzähler werde nicht ruhen, bevor er sich in seinem vergangenen Selbst wiedererkennen könne* (111). In diesem Zusammenhang taucht auch der Begriff Rechtfertigung auf: *Erzählendes Erinnern sei stets auch ein Rechtfertigen, ein Stück erfinderische Apologie. Demnach sei die Fähigkeit zu erzählen und die Fähigkeit, sich eine eigene, ganz individuelle Vergangen-*

heit zu schaffen, letztlich ein und dieselbe Fähigkeit (132), und *das erzählerische Erinnern ist skrupellos, wenn es darum geht, die moralische Integrität des vergangenen Selbst zu verteidigen* (170). In dem Referat wird ergänzend hingewiesen auf klinische Fälle aus der Praxis eines Neuropsychologen, in denen moralische Traumata ein stupendes *Ausmaß des Konfabulierens und Umdeutens der vergangenen Handlungen auslösten.*

Im Roman werden diese Thesen sofort einer Prüfung unterzogen: Perlmann vertieft sich in die Argumente des russischen Fachkollegen, die sich immer wieder überlappen mit Überlegungen, die er selbst abseits der systematisierenden Anstrengungen der Linguistik angestellt hatte, und er verliert sich allmählich ganz darin. Da er seine Idiosynkrasie gegenüber der Niederschrift eines eigenen Arbeitspapiers nicht überwinden kann, gleitet er unmerklich in den Entschluss hinein, eine englische Übersetzung des russischen Textes herzustellen und als seinen eigenen Essay zu präsentieren. Das hat verhängnisvolle Folgen, da Leskov sich entgegen seiner Absage doch noch auf den Weg zu der Konferenz machen kann. Dies treibt Perlmann, widerstrebend zwar, zur Entfaltung krimineller Energie, um den russischen Kollegen fern zu halten, veranlasst ihn aber auch, die relativ geradlinige Erzähltheorie des Russen zwar nicht in Frage zu stellen, aber doch Fragen an sie zu stellen, die zu einer Verfeinerung beitragen.

Perlmann schlägt sich mit den russischen Vokabeln für die *Aneignung* von Erinnerungen herum; die Bemühung um richtige englische Entsprechungen führt zu einer Differenzierung, die wiederum vor der Folie des deutschen Begriffsdifferentials gesehen wird: *Man eigne sich die eigene*

Vergangenheit an, indem man daraus einen Sinn mache. Das Verstehen, das durch das erzählende Erinnern erreicht werde, (...) bringe das entscheidende Gefühl der Zugehörigkeit zu einem selbst hervor (134). Als *etwas sehr plakatives Resümee* hält Perlmann fest, dass eine Person erst mit dem erzählerischen Erinnern *eine seelische Identität über die Zeit hinweg* erhält. Perlmann erprobt verschiedene Qualitäten der Aneignung von Vergangenem: bewältigen, näher bringen, sich zu eigen machen, erwerben. Schließlich kommt er zu der Steigerung *incorporating*, also *sich etwas einverleiben* (145). Aber lässt sich das vereinen mit Leskovs Annahme, dass nicht etwa eine feste Substanz von der Erinnerung bearbeitet wird, sondern dass *Erinnern in gewissem Sinne Erfinden* ist (134)? Die Konsequenz, die er daraus zieht, ist die These, *dass ein Selbst, eine Person im psychologischen Sinne des Worts, gar keinen festen Kern besaß und überhaupt nichts von einer festen Substanz an sich hatte, sondern ein dauernd sich erweiterndes und einer fortwährenden Umschichtung unterworfenes Gespinst von Geschichten war – ein bisschen wie ein Gebilde aus Zuckerwatte auf dem Jahrmarkt, nur ohne Materie* (151). Perlmann schwächt etwas ab: *Seine Vergangenheit durch Erzählen auf bestimmte Weise zuschneiden und sich dadurch als Figur gewissermaßen skulpturieren.* Er übernimmt also Leskovs Erklärung nicht vorbehaltlos, aber er urteilt: *da war viel dran* (209).

Für ihn bleibt auch Leskovs Auffassung in der Schwebe, *dass nicht nur die Interpretation, sondern auch die erlebte Qualität der erinnerten Gefühle vom Erzählen abhing* (173). Nach seiner Auffassung bildet *der erlebte sinnliche Gehalt der Erinnerung* (111) eine eigene Zugangsmöglichkeit. Er denkt an Erinnerungsbilder, die *nur aus Empfindungskonturen und sonst nichts bestanden* (160), und er findet Beispiele *für sein vergangenes Selbst, das sich gegen ein erzählendes Aufschließen sträubte* (160) – eine Annäherung an die Psychoanalyse, die mit der Kategorie des Unbewussten eine Dimension der Erinnerung benennt, die nicht zwingend über Sprache wirksam wird. Leskov sieht die unvermeidliche sprachliche Form von Selbstbildern darin begründet, dass vergangenes Tun nur dann als sinnvoll gesehen werden kann, *wenn dem vergangenen Selbst Gründe für dieses Tun zugeschrieben werden können – Gründe aber stünden zueinander in Beziehungen, die es nur zwischen Sätzen geben könne* (162). Perlmann bindet dagegen die Erinnerung nicht strikt an die sprachliche Vergegenwärtigung, sondern belässt ihr daneben und manchmal davor einen Raum sprachfreier, höchstens nachträglich in Sprache zu fassender Rekonstruktion. Er hat dabei eigene, besonders nachhaltige Erinnerungen im Sinn: die Erkrankung der Tochter an Leukämie und das Begräbnis der Mutter. Und er landet bei der sicher nicht rein rhetorischen, von ihm aber doch weitgehend bejahten Frage: Gehörten solche Dinge nicht einfach zu einem festen Kern von erlebter Vergangenheit, um den herum sich Geschichten rankten, die man im Laufe eines Lebens öfter umschreiben mochte, ohne dass das Erlebniszentrum selbst sich dabei veränderte? (175)

Die Kompetenz der Sprache bei der Formung von Erinnerungen wird von Perlmann nicht angezweifelt; aber er fragt nach, wie sich diese Funktion auswirkt und wie sie zu bewerten ist. Dabei kann er auf eigene Notizen zurückgreifen, die er schließlich auch zum Abtippen und Kopieren gibt und zur Diskussion stellt; so entgeht er wenigstens einigermaßen der

Peinlichkeit, in die er sich mit der Konzentration auf Leskovs Abhandlung und deren illegitimer Übernahme hineinmanövriert hatte. Auch seine eigenen Bemerkungen gehen von Erinnerungen aus, zentral von einer kategorischen Feststellung seines Vaters: *Venedig ist ein Traum. Mestre dagegen ist hässlich.* Ein Satz der Mutter schließt sich nahtlos an: *Die Po-Ebene ist langweilig.* Perlmann erläutert, wie solche Sätze seine Erfahrung einengten: Ein solcher Satz *stellt für immer eine Weiche, macht ein Geleise unbefahrbar, verbaut eine Möglichkeit* (186). Die Äußerungen werden von Perlmann als *festgefrorene Elemente beschrieben, die in ihrer tückischen Unauffälligkeit verhinderten, dass Erfahrungen gemacht wurden und sich im Erleben etwas veränderte* (187). Er reflektiert über *Berge von sprachlichem Schutt und deren erstickende Kraft* (189). Im speziellen Fall der auf Oberitalien bezogenen Stereotype hatte sich Perlmann vom Sprachschutt befreit durch eine Blitzreise nach Mestre und Venedig – von seiner Familie als Absurdität eingestuft, für ihn aber wichtig, vielleicht als *Gegenposition zum Vater, jedenfalls aber, weil durch jene Reise dessen ominöser Satz besiegt war* (547).

Die Beobachtung beschränkt sich aber nicht auf diese Episode, vielmehr wird die generelle Implikation der sprachlichen Fixierung von Vergangenheit anvisiert. *Das Denken in Sätzen,* und damit auch die in Erzählungen gefasste Erinnerung, *bedeute stets eine Verringerung von Möglichkeiten* (190). Perlmann formuliert: *Sätze als Quelle der Unfreiheit* (192). Er beschreibt, *wie resümierende, scheinbar aus großer Übersicht entspringende Sätze darüber, was man war und wie man erlebte, zu einem Kerker werden konnten, indem sie zuwiderlaufenden Empfindungen das Wort abschnitten und die Innenwelt dadurch immer weiter schrumpfen ließen* (193). Schlagwortartig formuliert er: *Language as an enemy of imagination* (190). Er sieht aber auch, dass dies nur die eine Seite des Prozesses sprachlicher Verarbeitung von Erfahrenem ist. Die andere erkennt er in Sätzen als *Medium, das den Erzählenden zu immer neuen Bildern trieb*. *Es gab ja doch Sätze, die, statt etwas zuzuschütten, den Weg in eine vorerst nur erahnte Freiheit zu weisen vermochten, indem sie einen neuen Zustand der Innenwelt, der bisher nur als voraushuschender Erlebnisschatten gegenwärtig war, in Worte fassten und dadurch vor dem neuerlichen Entgleiten bewahrten* (194), die also das Erlebte der Flüchtigkeit und dem Verschwinden entrissen. Aber erneut kippt die Argumentation: *Die wirkliche Gegenwart (...) entstünde durch die Bereitschaft, sich rückhaltlos der Flüchtigkeit des Erlebens zu überlassen* (195), und nicht, indem das Erlebte in der sprachlichen Fassung eingefroren wird. Die Widersprüche, die hier sichtbar werden, lassen sich nicht auflösen; es handelt sich um dialektische Positionen, um gegensätzliche, aber ineinander greifende Aspekte sprachlicher Formung des Erlebten. Das Erzählen erschließt Sinngehalte – und es läuft grundsätzlich Gefahr, sie zu zementieren.

Der Autor des Buchs, Pascal Mercier, schafft mit der Inszenierung der hochkarätigen Konferenz die Möglichkeit, verschiedene Konzepte von Erinnerung, Sprache und Erzählung als Ausdruck der wissenschaftlichen Positionierung verschiedener Personen zu zeigen. Und mit der Konfrontation von Perlmann und Leskov bahnt er in geschickter, ja raffinierter Weise den Weg für gegensätzliche und doch einander befruchtende Deutungen der selben Probleme. Lange

Zeit handelt es sich um die Auseinandersetzung Perlmanns mit Leskovs Text; aber dann erscheint Leskov selbst, und es kommt zum direkten Austausch der Meinungen. Anhand des russischen Textes hatte Perlmann überlegt, was die Erinnerungserzählung in der Auffassung Leskovs aus der Vergangenheit macht, und er spielte mit verschiedenen Nuancen: *die entstellte Vergangenheit, die erfundene Vergangenheit, die trügerische Vergangenheit, die geronnene Vergangenheit* (474). Im Gespräch mit Leskov wird dessen Pointierung deutlich: *die unvermeidlich erdichtete Vergangenheit* (506), und hier fällt auch die Bemerkung, dass *es eine wahre Geschichte über die erlebte Vergangenheit* nicht gibt.

Leskov bezieht sich dabei auf Maksim Gorkij, der sich in mehreren seiner Werke mit Lebenslügen befasste. Im Jahrzehnt vor seinem Tod 1936 schrieb er an dem Romanzyklus »*Das Leben des Klim Samgin*«, in dem er am Beispiel einer Biographie die soziale Entwicklung Russlands vom Ende des 19. Jahrhunderts bis zur Oktoberrevolution 1917 schildert. Schon in seiner Jugendzeit hatte Klim Samgin bemerkt, dass man *ständig etwas erdichten muss, um beachtet zu werden* (579) und dass dies auch ein *Erdichten seiner selbst ist* (581). Eine dramatische Färbung nimmt dieses Erdichten an, weil Klim Sangin ein Trauma aus seiner Kindheit mit sich trägt. Ein von ihm gehasster Junge brach beim Schlittschuhlaufen ein. Klim warf ihm ein Ende seines Gürtels zu, ließ diesen aber los, als er selbst immer weiter an die Bruchstelle herangezogen wurde – der Junge ertrank. Diese Szene verfolgt ihn, und er bearbeitet sie in seiner Erinnerung bis hin zu der erdichteten Annahme, vielleicht sei da ja gar kein Junge gewesen – aber das Trauma bleibt. Für Leskov, dem während einer langen Zeit politischer Haft die innere Vergangenheit zu entgleiten drohte, verschmolzen *Gorkijs Thema und die eigene Erfahrung immer mehr miteinander* (582). Für Perlmann spiegelt sich in Klim Samgins Bemühung um eine erträgliche Vergangenheit der eigene Versuch, seine Verfehlungen in der Erinnerung herunterzuspielen – die Aneignung von Leskovs Text, die Absicht, die englische Übersetzung als eigenen Text zu präsentieren, und vor allem der Plan, Leskovs Anwesenheit mit wirklich allen, auch extrem kriminellen Mitteln zu verhindern.

Schon vor der Verschärfung der Situation durch die Nachricht von Leskovs bevorstehender Ankunft drängt sich Perlmann das ihn quälende Wort *Plagiat* auf (285) – für einen exzellenten Wissenschaftler eine geradezu vernichtende Kategorie. Bereits während der Übersetzung des russischen Textes setzt er das *Ritual der Selbstbeschwichtigung* (299) in Gang, indem er sich gewissermaßen mildernde Umstände vor Augen führt. Was Leskov notiert hatte, entsprach ja doch seinen eigenen Ideen, und schließlich hatte er *viele Stunden, eigentlich sogar ganze Tage auf den Versuch verwendet, Leskovs lückenhafte Überlegungen zu einer stimmigen Theorie der Aneignung zusammenzufügen (296), und es konnte wirklich überhaupt keine Rede davon sein, dass er Gedanken als die seinen ausgegeben hatte, die ihm fremd waren* (297). Tatsächlich ist jede Übersetzung eine Umformung und nicht nur Kopie – und man könnte Perlmanns Erklärungen noch das Argument anfügen, dass ein großer Teil des Wissenschaftsbetriebs aus Plagiaten besteht, die allerdings in der Form von Literaturhinweisen und Fußnoten Passierscheine zur seriösen Wissenschaft erhalten.

Das Thema Plagiat ist speziell auf die Situation bezogen, in die sich Perlmann hineinmanövriert hat. Aber es berührt das prinzipielle Problem erzählerischen Erinnerns, dass sich das Leben ganz überwiegend aus Formelhaftigkeit, aus ›Kopien‹ zusammensetzt, während die erinnernde Aneignung danach strebt, ein unverwechselbares, originales Selbst zu finden, das wiederum Voraussetzung ist für das Gefühl voller Gegenwart. Während seines Aufenthalts in Italien erlebt Perlmann nur ein einziges Mal Gegenwart – als er gegen seine Befürchtungen nach all den vorausgegangenen Schwierigkeiten die Fähigkeit wiedergewinnt, seine Gedanken in treffenden Formulierungen niederzuschreiben. *Gegenwart. Das ist sie. Jetzt erlebe ich sie endlich* (449). Aber schon nach wenigen Stunden gerät er wieder aus dem Gleichgewicht. Gegenwart konnte nur gelingen, wenn die Vergangenheit nicht das Bild des Selbst gefährdete, und *wenn man eine offene Zukunft vor sich hatte, in die hinein man sich umdichten konnte* (366). Die Chance greifbarer, intakter Gegenwart ist verknüpft mit dem Identitätsentwurf, der nicht abzuschirmen ist von der Vergangenheit.

Der Sinn sinnloser Erzählungen

Der Roman »*Perlmanns Schweigen*« handelt von lebenswichtigen Funktionen des Erzählens und führt die existenziellen Implikationen vor am Beispiel einiger konkreter Erzählungen, in denen es um Leben und Tod geht. Es sind sinnschwere Geschichten, deren Gewicht und fortdauernde Wirkung in den Reflexionen und Reaktionen der Romanfiguren deutlich wird. Es gibt aber auch Erzählungen und Geschichten, die auf den ersten Blick bedeutungs- und auch sinnlos erscheinen, die aber – wie es der lässig paradox formulierte Titel für diesen Abschnitt ankündigt – eben doch einen Sinn haben. Sie etwas genauer unter die Lupe zu nehmen ist schon deshalb geboten, weil sie in unserer Kommunikation den größten Raum einnehmen – unauffällig, aber durchaus wichtig.

Auch hier kommt zunächst ein literarisches Zeugnis ins Spiel. In den letzten Jahrzehnten des 19. Jahrhunderts war ein Schriftsteller besonders beliebt, dem schon seine Eltern mit einer ganzen Galerie von Vornamen ein kurioses Image verliehen hatten: Heinrich Friedrich Wilhelm Karl Philipp Georg Eduard Seidel. Noch in meiner Schulzeit schwärmte einer der Lehrer für Heinrich Seidel, wie der Name im kulturellen Betrieb praktikabel gemacht worden war; und besonders wichtig nahm er die *Geschichten ohne Pointe*, eine von Seidel erfundene und in seine Bücher eingestreute Gattung. Der Lehrer führte sie aber nicht mit diesen Beispielen vor, sondern in eigenen Kreationen. Das klang dann ungefähr so: *Gestern nachmittag bin ich in die Stadt gegangen, und weil der Himmel fast schwarz war, nahm ich den Regenschirm mit – es hat aber dann doch nicht geregnet. Ich ging zuerst zum Eisen-Kaiser in der Bahnhofstraße, um einen neuen Korkenzieher zu kaufen. Dann schaute ich beim Stutzmann, ob mein Mantel schon ausgebessert ist; das war er nicht. Ich ging dann noch zum Metzger Betzler und holte ein Stück Schinkenwurst, und gegenüber beim Kiesel kaufte ich warme Strümpfe. Dann ging ich nach Hause, und dort merkte ich, dass ich den Schirm nicht mehr hatte. Ich machte mich gleich auf den Weg – zum Eisen-Kaiser, da war er nicht, weiter zum Stutzmann, da war er auch nicht, und auch nicht beim Metzger Betzler. Blieb noch der Kiesel, und dort war er.*

Der Lehrer trug diese kleine Odyssee vor, ohne sie zu kommentieren, erklärte uns aber dann, warum das nach seiner Auffassung keine richtige Geschichte war: weil keinerlei Überraschung darin enthalten sei und schon gar keine pfiffige Pointe. Aber er hatte seinen doppelten Weg mit unverkennbarer Freude präsentiert, und auch wir fanden das ganz lustig. Vielleicht war das späte Wiederfinden des Schirms ja doch eine Pointe; aber wir begleiteten den Lehrer bei der ganzen Einkaufstour mit einem gewissen Vergnügen – aus dem einfachen Grund, dass wir mit seiner Strecke vertraut waren. Ich kann das heute noch nachvollziehen: Ich habe die Namen der Ladengeschäfte nicht erfunden, sondern mich an deren damalige Existenz in meiner Heimatstadt erinnert, und es ist just diese Vertrautheit, die einen positiven Effekt auslöst.

Wenn wir den Wert von Erzählungen beschreiben, sind wir versucht, überraschende Pointen, die Vermittlung von Neuigkeiten und jedenfalls den informativen Gehalt hervorzuheben. Deshalb wird im Allgemeinen auch die Annahme hochgehalten, Erzählungen wirkten nur ein einziges Mal. Wer mit Kindern umgeht, merkt allerdings schnell, dass sie manche Geschichten gerne ein zweites Mal und oft immer wieder hören wollen. Und wenn eine neue Handlung erzählt wird, begrüßen sie es, wenn darin wenigstens bereits eingeführte Personen eine Rolle spielen – das Serien-Prinzip. Bei jüngeren Kindern mag dies zum Teil mit der eingeschränkten Aufnahmefähigkeit und auch mit der für sie begrenzten Verfügbarkeit von Erzählstoffen zusammenhängen; aber die oft erstaunliche Fixierung an Lieblingsgeschichten ist damit nicht erklärt. Vielmehr ist anzunehmen, dass die Bekanntheit der Fabel und die Vertrautheit mit den handelnden Personen wesentlich zu der Nachfrage und Beliebtheit beitragen.

Diese Beobachtung lässt sich aber nicht auf die Welt der Kinder beschränken. *Repetitio est mater studiorum* – aber Wiederholung ist nicht nur die oft anstrengende Methode des Lernens, Wiederholung kann auch Vergnügen machen, beim Lernprozess und ganz generell. Das Wieder-Erkennen von Bekanntem befriedigt. Bezogen auf Erzählungen kann sich dies auf die ganze erzählte Geschichte beziehen, aber auch auf einzelne Personen oder sogar nur auf die Örtlichkeiten der Handlung. Einen Beleg dafür bieten die in Mode gekommenen Regionalkrimis, die im Umkreis der darin geschilderten Vorgänge viele Abnehmer finden – auch wenn im Text die täglich begangenen Wege manchmal mit Verbrechen belebt und mit Toten gepflastert werden. Aber auch bei mündlichen Erzählungen mit friedfertigem Personal können sich Vorkenntnisse und damit gerade das Nicht-Überraschende positiv auf das wiederholte Hören auswirken – sei es die Vertrautheit mit einzelnen Akteuren und mit den Schauplätzen, oder auch die Erinnerung an beliebte und deshalb im Gedächtnis gespeicherte Handlungsmotive.

Auch die Pointen, die ihre Wirkung einer überraschenden Wendung des Erzählten verdanken, sind zwar nicht ohne Verfallsdatum, aber keineswegs nur zum einmaligen Gebrauch bestimmt. Witze, so wird häufig angenommen, wirken nur ein einziges Mal. Falsch! Die Pointen der Witze sind ja nicht nur in sich geschlossene Mehrdeutigkeiten, sondern sie deuten hin auf gegensätzliche Wirklichkeitsfelder, deren Komik auslösende Spannung nicht für immer verbraucht wird. Wenn kirchliche Rituale mit sehr weltlichen Vorstellungen zusammenstoßen, wenn also beispielsweise der Abendmahlswein in großen Rationen von einem Trinker genossen wird, dann ist das zwar keine Garantie für Lachsalven, aber bei geschickter Inszenierung und Formulierung kann es nicht nur einmal belustigend wirken. Das kabarettistische Muster der wirksam bleibenden Pointen ist der *running gag*, also die unvermeidliche Wiederholung der gleichen witzigen Wendung, ohne die das Publikum enttäuscht wäre.

Der positive Wiederholungseffekt setzt auch in der virtuellen Welt nicht aus.

Die Wiederholungsorgien, mit denen die Fernsehsender ihre horrenden Produktions- und Übernahmekosten kompensieren, werden zwar oft kritisiert, aber auch von großen

Teilen der Kundschaft gerne genutzt. Die Fülle der TV-Angebote begünstigt das Vergessen, sodass manche Sendungen zu besonders willkommenen Wiederholungen werden. Die Beliebtheit von Serien, die sich über Jahre hinziehen können, hängt sehr stark von der über viele Folgen weg garantierten Konstanz der Darsteller, aber auch dem Interesse an deren wechselnden Problemen ab. Doch auch Einzelsendungen fristen ein langes Leben als Favoriten. Erneut kann hier der tschechische Cinderella-Film »*Drei Nüsse für Aschenbrödel*« angeführt werden, der in der Weihnachtszeit meist von mehreren Sendern übernommen und von Millionen Kindern und auch Erwachsenen abgerufen wird; und auch bei der vielfach schon von der Adventszeit an angebotenen Ausstrahlung des Silvesterfilms »*Dinner for One*« gehen die Einschaltquoten in die Höhe.

Die Annahme der Sinnlosigkeit von Erzählungen ist abgeleitet aus der kommunikativen Konstellation: In der Wiederholung bringen sie nichts Neues. Tatsächlich aber zeigt die gar nicht so seltene Suche nach Wiederholungen und die Freude daran, dass die Bekanntheit den Sinngehalt nicht zerstört, sondern wiederherstellt und oft sogar steigert. Bis zu einem gewissen Grad gilt dies auch für die Kommunikation des Alltags, die weitgehend bestimmt ist vom Austausch scheinbar nichtssagender Belanglosigkeiten. Dies führt zu der Beobachtung, dass auch eine Erzählung befriedigen kann, die überwiegend bereits Bekanntes enthält.

Eine Frau erzählt ihrer Nachbarin, gestern sei sie in dem kleinen Supermarkt bei der Katharinenkirche in der Schlange bei der Kasse gestanden, da habe sie von hinten plötzlich ein Mann auf die Schulter getippt; sie sei erschrocken, zumal sie den Mann nicht kannte – bis der dann sagte, sie seien doch vor zwanzig Jahren im Spanisch-Kurs immer nebeneinander gesessen. Die Zuhörerin war nicht in dem Spanisch-Kurs, kennt den Mann nicht und fängt auch mit seinem Namen nichts an. Und doch ist die kleine Geschichte nicht sinnlos für sie – aus mehreren Gründen. Ihr gehen ähnliche eigene Erfahrungen durch den Kopf – sie hat *genau das Gleiche erlebt*, sagt sie, und für die vermeintliche Parallele gibt es verschiedene Möglichkeiten: Sie kennt den Supermarkt, und sie hat sich dort schon oft geärgert, weil meist nur eine Kasse besetzt war. Sie ist auch einmal erschrocken, weil sie ein Mann angesprochen hat, den sie nicht erkannte. Oder sie wollte auch einmal Spanisch lernen vor einer Urlaubsreise, hat sich dann aber doch nicht die Zeit dazu genommen. Oder gar, etwas weit hergeholt, einmal sei sie in der Katharinenkirche bei einer Konfirmation gewesen. Rede und Gegenrede – alles Äußerungen, die nur rudimentär die Strukturmerkmale von Geschichten, also etwa Komplizierung und Lösung enthalten, Äußerungen auch, die für sich genommen nur dürftige Sinnbezüge aufweisen. Und die doch nicht sinnlos sind.

Sie bestätigen und festigen, relativ unabhängig vom Inhalt, den Kontakt. Der Österreicher Paul Watzlawick, ein vielseitiger Gelehrter, philosophisch und linguistisch, später auch psychotherapeutisch orientiert, erarbeitete die Prinzipien des sprachlichen Verkehrs. Von ihm stammt die elementare Beobachtung, dass man *nicht nicht kommunizieren* könne, und er zeichnete die Strukturen der Kommunikation nach. Er stellte heraus, dass jede Kommunikation einen Inhaltsaspekt und einen Beziehungsaspekt aufweist, wobei die Art der Beziehung zwischen den Kommunizierenden den Inhalt mitbestimmt. Bezogen auf den Sinn einer Erzählung – oder etwas anspruchsloser gesagt: einer Äußerung – gilt, dass er sich völlig auf die Beziehungsebene verlagern kann. Praktisch bedeutet dies, dass es oft fast gleichgültig ist, *was* gesagt wird, entscheidend ist, *dass* etwas gesagt wird.

Bei *Gesprächen über den Gartenzaun*, die man beinahe als eigene Gattung bezeichnen kann, ist dies offenkundig. Von der einen Seite des Zauns kommt die Feststellung, dass man den halben Vormittag das Laub zusammengerecht habe, von der anderen, dass man auch den halben Vormittag das Laub zusammengerecht habe – und der tautologische Charakter dieses Austauschs wird möglicherweise noch dadurch verstärkt, dass dies schon bekannt war, weil vorher die Tätigkeiten auf einer Seite von der anderen her verfolgt werden konnten. Der Informationsgehalt der Bemerkungen tendiert also gegen Null, der freundliche Wortwechsel löst aber gleichwohl Zufriedenheit aus.

Es ist der gleiche Effekt wie bei Grüßen, die auch keine Information übermitteln außer der ganz auf die Beziehung eingestimmten, dass der oder die Grüßende dem Gegenüber mit Höflichkeit und Respekt, vielleicht auch mit Freundschaft begegnet. Früher waren, vor allem in ländlichen Gegenden, die ganz lakonischen Grußformeln weniger üblich als auf die Tätigkeit der Anderen bezogene Bemerkungen, oft in Frageform: *So früh schon beim Heuen?* mit der Antwort: *Könnt' sein, kommt ein Wetter!* Oder: *Holt Ihr die letzten Äpfel?* Die Antwort: *Sind aber viele angefressen und faulig!* Begegnung auf der Straße: *Kommt Ihr von der Stadt?* Und die Antwort, der Gegengruß, erweitert wiederum das zustimmende Ja: *Um die Zeit ist's noch nicht so voll.* Es handelt sich um sehr reduzierte Gespräche – rhetorische Fragen und rhetorische Antworten, keine Erzählungen. Aber sie machen deutlich, dass es grundsätzlich nicht allein auf neue Informationen ankommt, sondern auch auf den emotional fundierten Bezug zum Gesprächspartner.

Dass die gegenseitigen Versicherungen manchmal die Grenzen zum Lächerlichen überqueren, ist nicht zu bestreiten. Sie sind, von außen gesehen und gemessen an den Ansprüchen an ein halbwegs vernünftiges Gespräch, absurd, und die Exponenten des Absurden Theaters haben dies erkannt: *Das Komische ist das Ungewohnte in seiner reinen Form; nichts erscheint mir überraschender als das Banale; das Surreale ist mit Händen zu greifen, es ist vorhanden – im Alltagsgeschwätz.* Dies schrieb Eugène Ionescu, und in seinen Bühnenstücken führt er es vor, etwa in der »*Kahlköpfigen Sängerin*« mit einem Ehepaar, das in endlosen Dialogen triviale Selbstverständlichkeiten anspricht, die von beiden mit der größten Verwunderung registriert werden: *Quelle coincidence! – Welch ein Zufall!* Aber die Funktion, gerade auch über geteiltes Alltägliches Gemeinsamkeit herzustellen, bleibt neben der Absurdität bestehen.

Der Philosoph Ludwig Wittgenstein schrieb den Satz: *Wovon man nicht sprechen kann, darüber muss man schweigen.* Eine banale Feststellung, die aber den Horizont öffnet für Reflexionen über Möglichkeiten und Grenzen der Kommunikation, manchmal mit verändertem Wortlaut: »*Worüber man nicht reden kann, darüber muss man schreiben*« formulierte Daniela Wahl als Untertitel des Buchs über ihre Krebserkrankung. Und auch die Variante »*Wovon man nicht sprechen kann, davon muss man erzählen*« ist nachzuweisen

– Leitlinie eines theologischen Vortrags, in dem untersucht wird, ob Patrick Roths *literarische Verführungen* eine Tür zum Glauben öffnen. Es geht also um die Annäherung an das grundsätzlich unfassbare Transzendentale. Aber man kann diese Relation zwischen Sprechen und Erzählen auch vordergründiger fassen: Das Erzählen befreit ein Stück weit von den strikteren Sprechnormen der Diskurse und ist doch in der Lage, auch gewichtige Dinge zur Sprache zu bringen. Und immer ist Erzählen Mit-Teilung in gehobener Bedeutung. Die Teilhabe der Hörenden festigt die Verbindung, auch dann, wenn es sich um eine informationsarme oder gar tautologische Äußerung handelt. Deshalb ist das auf den ersten Blick sinnlose Erzählen keineswegs nur eine kindische und dümmliche Angelegenheit. Es begegnet auch bei Intellektuellen, die sich schließlich nicht pausenlos in der dünnen akademischen Höhenluft bewegen können.

TRADITIONSBESTAND:
ERZÄHLMUSTER

Märchen – ein Spiel

Die meisten Ezählungen, die man in alltäglichen Situationen zu hören bekommt, sind Sprossformen in Gesprächen. Irgendeine Bemerkung oder auch ein reales Ereignis löst bei einer der beteiligten Personen Assoziationen an früher Erlebtes oder Gehörtes aus, und sie erzählt eine zum Gesprächsthema passende Episode. Es gibt aber auch Erzählungen, die ohne eine solche Verknüpfung abgerufen werden können, ein Reservoir mit einem durch jüngere Angebote ergänzten Traditionsbestand alter Geschichten: Legenden, moralische Beispielgeschichten, sogenannte Sagen über unheimliche Begebenheiten, Märchen, heitere Schwankerzählungen, Witze, Anekdoten.

Man könnte von autarken oder autonomen Geschichten sprechen, im Stil der heutigen Warenwerbung auch von Fertig-Stories. Sie sind im Prinzip nicht von bestimmten Vorgaben abhängig, und sie folgen ihren eigenen Gesetzen. Am deutlichsten wird dies beim Märchen; es ist ein eigengesetzliches Kunstwerk. Gut möglich zwar, dass eine von ihrem beruflichen Alltag enttäuschte Frau sagt, sie sei da das Aschenputtel; denkbar auch, dass jemand beim Verlesen von Linsen sagt: *Die guten ins Töpfchen* ... Und vielleicht fällt in einer aktuellen Debatte über die Gefährlichkeit des Wolfs für den Menschen der Name Rotkäppchen. Kaum vorstellbar dagegen, wenn alle Beteiligten an der Diskussion einigermaßen bei Trost sind, dass jemand das ganze Rotkäppchen-Märchen vorträgt, die ökologische Debatte also unterbricht mit der Eingangspassage: *Es war einmal ein kleines süßes Mädchen, das hatte jedermann lieb, der sie nur ansah, am allerliebsten aber ihre Großmutter* ...

Für ausführliche Begegnungen mit den Märchen sind heute bestimmte Märchenstunden vorgesehen, in denen in der Regel nicht improvisiert, sondern vorgetragen oder vorgelesen wird, was als Vorlage existiert. Diese Bindung an vorhandene Texte entfernt die Darbietung ein Stück weit vom Erzählen, bleibt ihm aber insofern nahe, als die Akzentuierungen des Vortrags Elemente der Interpretation sein können – ein Effekt, den man auch bei der Rezeption guter Hörbücher erfahren kann. Im Selbstverständnis organisierter Märchenkreise sind deren Aktivitäten Teil der mündlichen Überlieferung. Das ist nicht völlig schief, weil die Märchentradition zurückführt in vorliterarische Zeiten und Milieus und lange auch in der mündlich bestimmten Erzählkultur lebendig blieb. Aber die Geschichte einzelner Märchen macht deutlich, dass schon früh literarische Fixierungen diesen Teil der Erzählkultur mitbestimmten.

Für das Märchen vom Rotkäppchen ist auf Charles Perraults Fassung »*Le Petit Chaperon rouge*« in seiner Sammlung »*Contes de ma mère l'Oye*« zu verweisen, die noch ins 17. Jahrhundert zurückführt. Die Brüder Grimm hörten die Märchengeschichte von den Kindern einer befreundeten Familie, die wegen ihrer hugenottischen Herkunft aufgeschlossen war für die französische Kultur und so auch Perraults Erzählung begegnete. Die Aufnahme der Geschichte in die »*Kinder- und Hausmärchen*« der Grimms und ihre Übernahme durch den zunächst ähnlich erfolgreichen Vermittler Ludwig Bechstein waren maßgebend für die Verbreitung im deutschsprachigen Raum. Die Geschichte wurde gewiss nicht immer im Wortlaut nacherzählt, aber die Handlungsfolge blieb verbindlich.

Der Einfluss der Brüder Grimm auf die Erzählkultur wird schon dadurch deutlich, dass unter den allgemein bekannten Märchen rund ein Dutzend aus ihrer Sammlung stammt: Zu Rotkäppchen und Aschenputtel gesellen sich Hänsel und Gretel, Dornröschen und Schneewittchen, weiter – mit schon etwas eingeschränkter Präsenz – Rapunzel und Rumpelstilzchen, König Drosselbart und das tapfere Schneiderlein, der Froschkönig, der Fischer und seine Frau, Schneeweißchen und Rosenrot. Zu ergänzen ist diese Popularitätsliste wohl nur noch mit zwei, drei Märchen des dänischen Autors Hans Christian Andersen. Die Aufzählung entspricht nicht nur allgemeinen Eindrücken und Erfahrungen; sie ist auch Ergebnis verschiedener ausführlicher Befragungen, übrigens auch in der DDR, wo sich lediglich im Mittelfeld wenige russische Volksmärchen dazwischen schoben.

Die Liste zeigt aber nicht nur den dominanten Einfluss der Grimms, sondern wirft auch die Frage auf, warum aus deren 200 Stücke umfassenden Sammlung gerade diese Auswahl getroffen wurde. Man kann festhalten, dass diese Märchen alle mit einer Vielfalt farbiger Motive ausgestattet und trotzdem leicht verständlich sind. Dazu kommt aber, dass all diese Mustermärchen in ihrer Handlung moralisch bedingt und geprägt sind. In manchen der Märchen ist der Gegensatz von gut und böse zentral – in der Geschichte von Aschenputtel beispielsweise sind gut und böse auf verschiedene Personen verteilt, und am Ende wird das Gute, *die* Gute belohnt. In anderen Märchen wird hervorgehoben, welch gefährliche Folgen das Verfehlen moralischer Gebote haben kann; hier kann wieder auf Rotkäppchen verwiesen werden, das vom Wege abweicht und damit erst die Wolfsgeschichte in Gang bringt.

Moralische Prinzipien waren für Jacob und Wilhelm Grimm ein Maßstab. Sie bezeichneten die »*Kinder- und Hausmärchen*« als ein *wahres Erziehungsbuch*. Ihre große Ausgabe war zunächst kein Bestseller, und so willigten sie in die Produktion der *Kleinen Ausgabe* ein, die zehn Jahre später mit 50 Märchen auf den Markt kam und die all die angeführten Geschichten enthält. Sie musste immer wieder neu aufgelegt werden, weil die bestehenden Erziehungsinstitutionen den moralischen Aspekt gerne aufgriffen. Für das bürgerliche Familienleben, das sich von der offeneren ländlichen Gesellschaft durch Abschließung nach außen und engere emotionale Zusammengehörigkeit unterschied, war das Märchen ein willkommenes Ferment: Die bunte Welt, die es vorführte, bereitete ästhetisches Vergnügen; seine überwiegend freundlichen und hilfreichen Tierfiguren passten zu der zunehmenden Integration realer Tiere in den häuslichen Umkreis; und die moralische Prägung unterstützte das patriarchalisch gefärbte Erziehungsmoment.

Die Betonung der Moral kam aber vor allem auch der Grundschule entgegen, der insofern eine wichtige Rolle zukam, als viele Kinder – abweichend von romantisierenden Vorstellungen – Märchen nicht etwa im heimeligen Stübchen der Großeltern kennen lernten, sondern erst in der Schulstube. Dort aber waren Märchen in erster Linie ein Mittel der moralischen Belehrung. Pädagogische Schriften aus der Zeit vor dem Ersten Weltkrieg enthalten beispielsweise Anweisungen, welche Grundsätze aus dem Märchen vom Rotkäppchen abzuleiten und wie sie im Unterricht herauszudestillieren und zu exerzieren sind: *Gute Kinder folgen ihren Eltern. Gute Kinder lügen nicht. Der Bösewicht wird bestraft.*

Die Reformpädagogik der 1920er Jahre distanziert sich von so plumpen Vorgaben und fordert, die Märchen als kleine Kunstwerke zu betrachten. *Einstimmung* wird zum Zauberwort der Deutschlehrer, und das Geschehen der Märchen wird oft in einer Art Rollenspiel vermittelt. Aber die moralisierende Tendenz steht weiterhin im Vordergrund. *Komm, Rotkäppchen,* sagt die Mutter im Eingang des *Grimm*-Märchens, *da hast du ein Stück Kuchen und eine Flasche Wein, bring das der Großmutter hinaus; sie ist krank und schwach und wird sich daran laben. Mach dich auf, bevor es heiß wird, und wenn du hinaus kommst, so geh hübsch sittsam und lauf nicht vom Weg ab, sonst fällst du und zerbrichst das Glas, und die Großmutter hat nichts. Und wenn du in ihre Stube kommst, so vergiss nicht guten Morgen zu sagen und guck nicht in allen Ecken herum.* Zu dieser Stelle empfiehlt ein Leitfaden den einstigen Lehrkräften: *Diese wunderbare Ermahnung bringe der Lehrer öfters in der Besprechung wörtlich, dann braucht's kein langes Moralisieren am Schlusse.*

Märchen als Spiel? Die Autorität gedruckter Texte verhinderte einen freieren Umgang mit den Motiven und Handlungszügen des Märchens, und die bemühte Pädagogik wie auch viele der späteren psychologisch oder psychoanalytisch orientierten Deutungssysteme gingen von der Fassung der Buchmärchen aus, die mehr oder weniger unantastbar wurde. Auch die Erzählerinnen und Erzähler im privaten Umkreis hielten im Allgemeinen fest an den gedruckten Vorbildern; und man könnte auch sagen: die gedruckten Vorbilder hielten sie fest. Die Märchen wurden bei all ihrer Fabulierlust zu einer ernsten Angelegenheit.

Umso überraschender ist es, dass schon bei den Grimms das Stichwort *Spiel* begegnet. In der Vorrede zu ihrer Märchensammlung behandelt Wilhelm Grimm das Verhältnis von Mythos und Märchen. Für ihn wie für seinen Bruder barg das Märchen Reste alter mythischer, gewissermaßen religiöser Überlieferung – Götter- und Heldengeschichten, an die man in der germanischen Vorzeit glaubte und von denen einzelne Motive noch in volkstümlichen Glaubensvorstellungen nachwirkten. Dass man in den Märchen uralte Glaubensinhalte vermutete, war ursprünglich der stärkste Impuls für die Sammeltätigkeit. Aber es war unverkennbar, dass entsprechende Motive im Märchen keine Glaubensinhalte mehr waren, und so kam Wilhelm Grimm zu der Formulierung: *Das Märchen spielt mit dem, was früher Bedeutung hatte.* Es gibt Motive, die dies überzeugend illustrieren, beispielsweise die Gegenüberstellung von Hexenverbrennungen, die noch weit in die Neuzeit hinein dokumentiert sind, und dem Phantasieobjekt des Hexenhäuschens. Aber weil Wilhelm Grimm letztlich auf die frühere Bedeutung zielte, rückte er die Märchen doch nahe an den Mythos heran und entfernte sie großenteils von Bezügen aus der eigenen Gegenwart. Die Märchen bewegen sich in der Sphäre des Vergangenen. Das Personal kommt aus der Feudalzeit – König und Königin, Prinz und Prinzessin, dazu Berufe, die der Natur am nächsten stehen – Fischer, Köhler, Jäger; und auch die Requisiten werden nicht der eigenen Wirklichkeit angenähert, sondern in ihren historischen Formen und Funktionen belassen. Diese Reaktivierung der Vergangenheit galt als Spiel mit dem Mythos.

In der Sammlung der Brüder Grimm wird die Bindung an das Mythische aber auch überspielt. Sie scheuen sich nicht, Motive auszuwechseln und Episoden hinzuzufügen, wo dies die moralische Botschaft verstärkt oder das Glücksgefühl steigert. Während Perraults Fassung von *Chaperon rouge* damit endet, dass Rotkäppchen wie zuvor die Großmutter gefressen wird, bedient sich die Grimmsche Variante beim Schluss der Geschichte vom Wolf und den sieben Geißlein – am Ende sind Rotkäppchen und ihre Großmutter aus dem Bauch des Wolfs gerettet, und der Wolf ist tot. Die Funktion eines Warnmärchens ist beibehalten, wird aber in die optimistische Perspektive einer Glücksgeschichte gerückt.

Man tut Jacob und Wilhelm Grimm unrecht, wenn man sie nur als rückwärts gewandte Vermittler sieht. Allerdings blieb ihnen das freie, auch die eigene Gegenwart in den Blick nehmende Phantasiespiel fremd. Dafür gibt es ein Zeugnis aus ihrem engsten familiären Umfeld. Ihr jüngerer Bruder Ferdinand, der selbst in der extensiven und detailreichen Märchenforschung vergessen war und erst in jüngster Zeit Beachtung erfuhr, war ein Autor, der die Märchenwelt mit eigenen Erfindungen belebte und die Fassungen der »*Kinder- und Hausmärchen*« mit Übertreibungen parodierte – aus dem verlockenden Hexenhaus wird bei ihm ein teuflisch düsteres Bauwerk mit weißen Katzen auf dem Dach. Dass ihn die berühmten Brüder nicht anerkannten, hing damit zusammen, dass er, gemessen an ihrem unglaublichen Fleiß, ein Faulpelz war, der zudem als Homosexueller die Normen der Familie verletzte und die selbstgefälligen und drögen Züge dieser Familie in einer ironischen Veröffentlichung schonungslos aufdeckte. Aber man geht wohl nicht fehl mit der Annahme, dass zu dem gespannten Verhältnis auch sein Ausbruch aus dem von Jacob und Wilhelm festgelegten Spielfeld des Märchens beitrug. Das Märchen war definiert als naiv und treuherzig; Ironie und witzige Kapriolen waren nicht gefragt, und als *Volksmärchen* wurde es den in der romantischen Poesie beliebten *Kunstmärchen* gegenübergestellt, die zu jener Zeit in großer Vielfalt entstanden.

Aber es fragt sich, ob diese Zuordnung so strikt getroffen werden kann, und vor allem, ob die lebendige Entwicklung der mündlich tradierten Märchen im Rahmen der von den »Kinder- und Hausmärchen« ausgehenden Modellierung und Normierung blieb. Es gibt Regionen, in denen Buchmärchen bis in die jüngste Vergangenheit nicht den entscheidenden Einfluss ausübten, und dort rückten Erzählerinnen und Erzähler das Märchengeschehen teilweise in ihre Gegenwart. In ungarischen Märchen, deren Ausläufer durch donauschwäbische Erzählerinnen und Erzähler auch zu uns gelangten, wird dies deutlich. Da ist etwa das Märchen vom *Schlangenprinzen*, dessen Anfang auch bei den Grimms stehen könnte: *Es waren einmal ein König und eine Königin. Die waren immer traurig, weil sie kein Kind hatten.* Sie geben sich gegenseitig die Schuld, der König *geht in seinem Kum-*

mer ins *Parlament*; seine Frau fleht um ein Kind, und sei es ein Schlangensohn. Ihn bringt sie zur Welt, und dann *telefonierte sie gleich hinter ihrem Mann her, er solle nach Haus kommen*. Für uns ist der Gang des Königs ins Parlament und das Telefongespräch ein Verfremdungseffekt, ein Spiel mit der Spielform Märchen. Aber es ist auch ein Hinweis darauf, dass das Märchen seine Bedeutung nicht daraus schöpft, dass es abseits der Wirklichkeit angesiedelt ist, sondern daraus, dass es in verdichteter, symbolischer Weise etwas von dieser Wirklichkeit vermittelt, von den Spannungen in Familien und Gruppen, von den Problemen des Erwachsenwerdens, vom Umgang mit Vertrautem und Fremdem. Eine von der Wirklichkeit völlig gelöste Phantasiewelt wäre so wenig ein Märchen wie eine Wirklichkeit, welche deren spielerische Aufhebung in der Phantasie nicht zulässt.

Ist der Blick erst einmal auf die Wirklichkeitspartikel und Wirklichkeitsstrukturen im Märchen gelenkt, wird man sie auch in den scheinbar wirklichkeitsfremden Märchen vom Typus Grimm entdecken. Da geht der König nicht ins Parlament, sondern herrscht absolut, und König ist ja nicht gerade ein Beruf, der in unserer Gesellschaft üblich ist. Aber wenn es heißt: Der König hatte eine Tochter, oder: Die Königin wünschte sich ein Kind, dann haben wir eine Konstellation vor uns, die eine soziale Realität beschreibt und in vielen Fällen einen Konflikt ankündigt. Sigmund Freud vertrat die Auffassung, wenn in einer Geschichte ein König auftrete, könne man das immer als *Vater* lesen; und inzwischen gibt es psychoanalytische Deutungen, die in jedem Märchen einen ödipalen Konflikt suchen. Das dürfte zu eng und einseitig sein. Aber vielleicht kann man sagen, dass die Beibehaltung des Königs im Märchen weniger mit reaktionären politischen Vorstellungen zu tun hat als mit der Typisierung. Was ein Frisör, ein Mechatroniker, eine Staatssekretärin, eine Lehrerin erlebt, ist durch die Berufsangaben von vorn herein begrenzt, eingeschränkt auf ein bestimmtes Milieu und einen bestimmten Lebenskreis. Was dem König widerfährt, lässt sich paradoxerweise leichter verallgemeinern, gerade weil die Existenz realer Könige weit weg ist.

Trotz dem abgehobenen sozialen Milieu sind Märchen nicht problemlos. Sie sind voll von Konflikten, die anders als in der Wirklichkeit gelöst werden. Märchen enden, von wenigen Ausnahmen abgesehen, im großen, unbeschwerten Glück, das nicht in Frage gestellt wird. Vereinigung nach langer Trennung, Gesundung nach langwieriger Krankheit, Reichtum nach einem Leben in tiefster Armut, Liebe nach einer Zeit der Entbehrung – das sind Endpunkte des Märchens. *Und der Prinz nahm das schöne Mädchen zu seiner Frau.* Ein Kind, das die Frage stellt, was denn dann geschah, wie sich also nach der glücklichen Heirat die Ehe entwickelt hat, verfehlt die dominante Märchenstruktur. Indem das Märchen einen strikten Schlusspunkt setzt, vermittelt es eine Ahnung ungebrochenen, reinen Glücks, gibt es die Zuversicht, dass sich alle Schwierigkeiten auf Dauer überwinden lassen. Aber die Frage, wie es nach dem Happy End weiterging, ist ja nicht unbegründet. Sie bezeugt das Bedürfnis, das Märchen entschiedener in der Realität anzusiedeln – ein Bedürfnis, das gerade bei Kindern ausgeprägt ist, ehe sie sich an die dominante Märchenbotschaft gewöhnt und damit abgefunden haben.

Vor Jahren bekam ich zufällig das Heft eines achtjährigen, aufgeweckten und intelligenten Jungen in die Hand, in welchem er erste quasi-literarische Versuche niedergeschrieben hatte, die gänzlich unter dem Einfluss von Märchen standen, das Geschehen aber nicht aus der realen Gegenwart entfernten. Unter dem Titel: »*Von einem der immer reicher wird*« setzt die längste der Geschichten ganz märchenhaft ein: *Es waren einmal ein Vater und eine Mutter. Die wünschten sich so gern ein Kind. Aber gerade haben sie ein Kind bekommen. (...) Und sie freuten sich, dass sie jetzt ein Kind haben. Sie kauften ihm einen schönen Wagen und schiebten es am Sonntag rum.* Als das Kind größer wurde und auf der Gasse spielte, *durfte es sagen, ob sie mit dem Sandspielen aufhören oder weitermachen sollten.* In schnellen Sprüngen und auch mit einigen Schreibfehlern folgt dann eine in der Gegenwart verortete Aufstiegsgeschichte: Schule, danach gleich Oberbürgermeister, *Kulbminister, und dann dachte er, es wär viel schöner wenn du Bundespräsident wärst.* Er wurde es, aber da unser politisches System dazu keine Steigerung bereit hält, wechselt der kleine Autor zur Erfindung einer weiteren Karriere, gewissermaßen aus Nebentätigkeiten des Bundespräsidenten, der studierte, Frisörlehrling wurde und Schuhe nähte – und damit so viel Geld verdiente, dass er, als seine Söhne größer wurden, einen Bauernhof kaufen konnte, dazu *80 Pferde, Milomen Hasen, 27 Kühe, 33 Gänse, 33 Enden, 50 Vögel, und 15 Leute bestellte er.* Später kommen noch 1008 Hühner und 22 Hunde dazu. Bundespräsident ist er noch immer, im vollen Glück und für Viele glückbringend; nur die, *die ihn nicht leiden konnten, hatten eine Sauwut auf ihn.* Aber er bleibt derjenige, der das Sagen hat, bis er mit 180 Jahren stirbt.

Es ist unverkennbar, dass der Junge die Kinder- und Hausmärchen der Grimms kannte; in manchen Formulierungen bemüht er sich um einen gehobenen Stil, und seiner Märchenkenntnis verdankt er auch das Prinzip der Glücksgeschichte, die allerdings bei ihm nur als Addition angelegt ist. Eine amüsante, gerade auch in ihrer verqueren Hilflosigkeit amüsante Geschichte, aber sicher kein geniales Märchen. Lohnt es sich, darüber zu reden? Ich meine: ja. Denn in mancher Hinsicht steht dieser kleine Erzähler der Märchentradition näher als treue, womöglich wortgetreue Anhänger der Brüder Grimm. Wir haben durch unsere Abhängigkeit von Buchmärchen und die weitgehende Fixierung auf deren Textvorlagen eine falsche Vorstellung von der Märchenüberlieferung. Sie funktionierte ja in aller Regel nicht so, dass Texte auswendig gelernt und dann immer wieder zelebriert wurden, sondern so, dass die Erzählung (und das hieß: die Fabel, die Handlung) als Material vorgegeben war, als Skelett; dass bestimmte Halte- und Orientierungspunkte dazu kamen (etwa feststehende Formeln und Verse), dass aber aus diesem Material und mit dem Wissen um den wesentlichen Handlungsablauf die Geschichten frei gestaltet wurden. Also keine einfache Wiedergabe, sondern jeweils eine Neuschöpfung – das liegt im Wesen einer mündlichen Tradierung. Beim Märchen sind auf diese Weise immer neue Varianten entstanden und sogar neue Märchen – zum Beispiel, indem zwei Geschichten zusammengezogen oder Teile entlehnt wurden.

Der Junge hat das Phantasiespiel des Märchens, die jeweilige Aktivierung als Wunschdichtung begriffen; vergnügt pendelt er zwischen Fiktion und Realität. Woran er scheitert, was er nicht begriffen hat, ist die andere Seite des Spiels: Es fordert grundsätzlich eine abgegrenzte, in sich geschlossene

Struktur – einen eigenen Raum (den Sportplatz, das Schachbrett, und auch den für sich stehenden Handlungsraum der erzählten Geschichte), und ebenso abgegrenzte Zeit – irgendwann ist das Spiel zu Ende, wie es das Märchen mit seinem Hochzeitsfinale demonstriert. Und zum Spiel gehören auch Spielregeln; keine Gesetze, aber Gesetzlichkeiten – praktisch heißt das: strukturelle und stilistische Vorgaben, und auch die verfehlt der kleine Erzähler.

Eine skurrile Geschichte. Ein Märchen? Sicher nicht, wenn man die im Umkreis und in der Nachfolge der Brüder Grimm geschaffenen Kriterien anlegt. In der Perspektive jenes Jungen aber schon. Jedenfalls zeigt die Erzählung, dass im Verständnis von Märchen das Erreichen großen Glücks entscheidend ist. In ›richtigen‹ Märchen wird das Glück gesteigert durch den Kontrast vorausgehender schmerzlicher Erfahrungen und harter Prüfungen. Viele Märchen gehen ja doch aus von einer Situation der Not, der Enge, der scheinbaren Aussichtslosigkeit, und fast immer erzählen sie vom Aufbruch und Ausbruch der zentralen Märchenfiguren. Der König: *Es jagte einmal ein König in einem großen Wald und jagte einem Wild so eifrig nach, dass ihm niemand von seinen Leuten folgen konnte.* Der Königssohn: *Ich will in die weite Welt gehen, da wird mir Zeit und Weile nicht lang, und ich werde wunderliche Dinge genug sehen.* Der Jäger: *Herr, ich will's auf meine Gefahr wagen, von Furcht weiß ich nichts.* Der Bauernjunge: *Da machte er sich auf und ging immerzu, immer gerade ohne abzuweichen, über Berg und Tal.* Es ist diese Aufbruchstimmung, die das Märchen entfernt von bloßer Konformität, auch wenn das Milieu manchmal verniedlicht und sentimental gezeichnet sein mag.

In der Geschichte vom Bundespräsidenten wird das Glück gewissermaßen statistisch abgesichert durch die genauen Zahlenangaben zum Tierbestand. Jedenfalls ist es in der Realität angesiedelt und verweist so darauf, dass die optimistische Botschaft der Märchen in die Wirklichkeit der Menschen hinein reicht. Aber die Realität allein lässt das auf Dauer angelegte Glück nicht zu; dies dürfte der Grund dafür sein, dass der kleine Erfinder am Schluss seiner Geschichte keine allgemeine Glücksformel einsetzt, sondern seine Hauptfigur, den Bundespräsidenten, sterben lässt – allerdings in einem märchenhaft hohen Alter.

Phantasiewelt und Wirklichkeit sind im Märchen keine absoluten Gegensätze, sondern ergänzen sich. Wenn ein Kind beim Durchblättern eines Märchenbilderbuchs sagt: *Ich würde gerne dort einmal hinfahren mit meiner Omi, wenn ich wüsste, wo das wär'*, dann ist damit die Schwebe zwischen Irrealität und Realität, die Offenheit nach beiden Seiten getroffen. Die Konflikte im Märchen übersteigen meist die Realität, aber sie können auf sehr konkrete Gegebenheiten bezogen werden, und reale Konflikte lassen sich in die Sprache des Märchens übersetzen.

In modernen Märchen – Bearbeitungen und Neuschöpfungen – zeigen sich zwei Tendenzen. Das eine ist die Ausweitung des Phantasiespiels im Entwurf neuer Welten mit eigenen Gesetzen. In umfassender Weise kann dies auch in längeren Texten – etwa von John Ronald Reuel Tolkien, Michael Ende und Paul Maar – nachgewiesen werden; und auch die Avatare der Computerspiele bewegen sich in Phantasiewelten, allerdings immer unter Beibehaltung von Elementen der Wirklichkeit. Dies ist die andere tendenzielle Richtung:

Einbeziehung der aktuellen Realität in die Märchentradition. Dies äußert sich seit den 1970er Jahren in Variationen, die altüberlieferte Motive in eine neue Perspektive rücken: Die *tapfere Schneiderin* ist so mutig, einfallsreich und erfolgssicher wie ihr männlicher Vorgänger; aus der Pechmarie im Märchen von »*Frau Holle*« wird eine gewerkschaftlich organisierte junge Frau, die im Kampf gegen die Ausbeutung die Arbeit verweigert; und das *elektrische Rotkäppchen* verfügt über moderne Verkehrsmittel. Manchmal handelt es sich um eine allzu plakative Instrumentalisierung der Märchen; jedenfalls aber wird der Realitätsbezug betont.

Es gibt sicher nicht *die* Botschaft *des* Märchens – dazu sind die Märchengeschichten zu vielfältig. Aber eine wichtige Botschaft ist die, dass es Ausweglosigkeit nicht gibt oder nicht geben sollte, dass es jedenfalls sinnvoll ist, gegen Schwierigkeiten und Beengungen anzugehen. Der Mut dazu aktiviert im Märchen auch die Helfer und Hilfsmittel. Sie kommen von außen – in Gestalt mythischer Wesen, freundlicher Tiere, zauberkräftiger Instrumente. Aber die hilfreichen Gestalten und Dinge stehen auch für die inneren Kräfte, die mobilisiert werden können. Das Märchenspiel ist deshalb nicht belanglos, es vermittelt eine Art Hoffnungsglück.

Das schöne Wort *Hoffnungsglück* steht, dem Osterspaziergang zugeordnet, im ersten Teil von »*Faust*«; Goethe hat es wahrscheinlich erfunden. Und er nimmt, wo er in den Noten zum »*West-Östlichen Diwan*« über arabische Märchen spricht, die Spiel-Metapher auf. Er charakterisiert die Märchen als *Spiele einer leichtfertigen Einbildungskraft, die vom Wirklichen bis zum Unmöglichen hin- und widerschwebt und das Unwahrscheinliche als ein Wahrhaftes und Zweifello-*

ses vorträgt. Das Wort *leichtfertig* darf dabei wohl nicht mit Leichtsinn in Verbindung gebracht werden – es geht um die unbefangenen Spiele der Phantasie. Goethe konstatiert, dass sie *den Menschen nicht auf sich selbst zurück, sondern außer sich hinaus ins unbedingte Freie führen und tragen*. Zumindest für die europäischen Märchen möchte man hier eine Korrektur anbringen. Sie vermitteln ein befreiendes und ein beruhigendes Gefühl und tragen den Menschen nicht nur *ins unbedingte Freie*, sondern führen ihn auch *auf sich selbst zurück*, auf seine reale Situation.

Märchen und Lüge

Erzähl keine Märchen! In dieser Redewendung wird die Lüge zwar nicht genannt, aber moniert wird nicht das Erzählen von richtigen Märchen, sondern das Auftischen von Lügen. Eine Schülerin, die zu spät zum Unterricht kommt, entschuldigt sich ja nicht damit, dass sie dem Wolf begegnet ist; ein verspäteter Taxifahrer behauptet nicht, er habe die schwangere Rapunzel zur Klinik bringen müssen; eine Ehefrau erklärt ein Versäumnis nicht damit, dass sie einen Frosch getroffen hat. Vorgebracht werden vielmehr oft reale Ausflüchte, streng genommen: Lügen.

Wenn dabei das *Märchen* ins Spiel gebracht wird, handelt es sich um eine partielle Zuschreibung. Wie man den *Roman* als langatmig charakterisieren kann, so das *Märchen* als unwahr, nicht mit Fakten übereinstimmend. Bezogen auf die angedeuteten Situationen ist das korrekt; aber die Charakterisierung wird immer wieder auch generalisierend auf die Gattung bezogen: Das Märchen lügt. Oft wird diese Beschreibungskategorie mit der Bedeutungsgeschichte in Verbindung gebracht: *Mär, Märe, Märchen* bezeichnete ja ursprünglich das Gerücht – das Deutsche Wörterbuch zitiert in diesem

Sinn Sebastian Franck: *mär sucht man in fabeln, die warheit aber in hystorien.* Auch der Pädagogik ist die Gleichsetzung oder doch Annäherung von Märchen und Lüge nicht fremd geblieben – Märchensammlungen wurden zwar oft verhätschelt als Erziehungsbuch, aber auch attackiert als wirklichkeitsfremd: als Lüge. Selbst in die Linguistik hat diese kritische Sicht Eingang gefunden – Harald Weinrich, dem wir die konzise Studie »*Linguistik der Lüge*« verdanken, sieht in den Märchen *die Gattung, die am meisten in den Verdacht geraten muss, lügenhaft zu sein.* Das leuchtet ein: Dass ein an die Wand geschmetterter Frosch zum Prinzen wird, dass sich ein Kind in ein Reh verwandelt, dass ein Teppich zum Flug bereit steht, dass ein Armer zum König gemacht wird – all das ist nicht nur unbewiesen, sondern auch prinzipiell unwahrscheinlich, ja unmöglich – es ist eine Lüge. Aber gleichzeitig wehrt sich etwas in uns gegen diese Feststellung und erkennt sie als Fehldiagnose. Etwas stimmt nicht an der Gleichsetzung von Märchen und Lüge.

Die Abweichung vom gewohnten Leben und seinen Bedingungen und damit die Überschreitung der Wirklichkeit gehört zum Märchen, aber die Gattung wird nicht kritisch daran gemessen, was erst zu der Gleichsetzung mit Lüge führen könnte. Die Fraglosigkeit der Handlung verbietet im Allgemeinen die Frage: wahr oder unwahr? Es kommt zwar vor, dass der Erzähler sagt: *Das ist eine wahre Geschichte* (Andersen benützt diese Formel beispielsweise im Märchen von der Prinzessin auf der Erbse) – aber das ist mit Augenzwinkern gesagt. Kleine Kinder vertrauen der Feststellung, aber nicht lange. Das Märchen, so könnte man resümieren, ist ein Phantasieprodukt und ein Medium der Unterhaltung, und die Unwahrheit (im Sinn der Abweichung von der blanken Wirklichkeit) ist ein integrativer Bestandteil. Unwahrheit ist auch das Charakteristikum der Lüge – aber sie hat einen anderen Sinn. Die Lüge dient nicht der Unterhaltung, sondern ist ein Mittel der Täuschung. Wer lügt, gibt vor, dass er sich tatsachengerecht und korrekt äußert. Wahrheitsbeteuerungen gehören dazu, und sie werden von den Akteuren ernsthaft vorgetragen – bei Cocteau etwa, dessen *Menteur* ständig betont: *Ich liebe die Wahrheit*; oder auch bei Roger Willemsen, der unter dem in einer bundesdeutschen Affäre zentralen Zitat »*Ich gebe Ihnen mein Ehrenwort*« politische Lügengebilde aufdröselt. Die Beteuerungen sind in diesen Fällen gezielt vorgetragene Lügen, die auf eine falsche Fährte locken sollen. Aber es gibt auch die altruistische Lüge, die beispielsweise in den Kontroversen zur Ethik der Medizin eine wichtige Rolle spielt. Man neigt hier zunächst zu einem bedingungslosen Bekenntnis der Wahrheit; aber so einfach liegen die Dinge nicht. Helmut Dubiel hat in seinem Buch »*Tief im Hirn*« zwölf Jahre nach den ersten Anzeichen seine eigene Parkinsonerkrankung beschrieben. Sein Bericht enthält eingehende Erwägungen darüber, ob die Aufdeckung der Krankheit (und die dadurch mögliche Medikation) nicht einherging mit einer drastischen Verminderung der Lebensqualität. Er folgert, der Vorteil – *größerer Spielraum* in der Medikation – müsse *verrechnet werden mit dem Nachteil einer frühen Informiertheit*. Auch die Selbsttäuschung gehört in diesen Zusammenhang; sie kann sich in bestimmten Fällen durchaus positiv auswirken – aber es handelt sich immer um Täuschung, um die Behauptung, etwas sei wahr, obwohl dies objektiv nicht zutrifft.

Im Berliner Kommunikationsmuseum wurde 2004 die Ausstellung *Tierische Kommunikation* gezeigt – mit dem Untertitel: *Tiere lügen nicht.* Nach heutigem Forschungsstand ist dies korrekt (vermutlich muss man sagen: *noch* korrekt!): Das Handeln der Tiere, auch komplexes Handeln, gilt als vorprogrammiert; man weist es dem Instinkt zu, der sich allerdings nur vage definieren lässt. Der Mensch dagegen kann nicht nur lügen, er ist geradezu zum Lügen verurteilt – weil er die Wahrheit nicht vollständig erfasst, aber auch, weil ihn seine Vorteilsorientierung immer wieder einmal von der Wahrheit weg bringt. Im Feuilleton (und nicht nur in der Yellow Press) wird immer wieder einmal darüber gestritten, wie oft Menschen lügen. Täglich zweimal ist eine gängige These. Besonders moralische Menschen werden das bestreiten; aber auch sie kennen und benützen manchmal Kommunikationstricks – Lügen müssen ja nicht immer sprachliche Äußerungen sein. Das Telefon klingelt; ich kann es aber auch *nicht* abnehmen, wenn mir das Display einen unangenehmen Gesprächspartner verrät – eine stumme *Notlüge*, obwohl die Not nicht besonders groß ist.

So gibt es noch mancherlei lügenhafte Gewohnheiten im Alltag. Manchmal werden aus dieser Tatsache zynische Folgerungen gezogen: In dem Film »*Il divo*« sagt Giulio Andreotti (der sieben Mal Regierungschef und rund 30 Mal Minister war und jedes Mal Skandalfäden zog): *Die Wahrheit wäre das Ende der Welt. Gott weiß es.* Aber auch wenn man weniger zynisch auf die Welt blickt – die Unwahrheit, die Lüge, nimmt darin einen wichtigen Raum ein. Friedrich Nietzsche wies darauf hin, dass wir schon bei der Wahrnehmung eines Baums etwas *hinzuphantasieren*, um ihn als Baum zu erkennen. Und er weitet diese Beobachtung aus: *Selbst inmitten der seltsamsten Erlebnisse machen wir es noch ebenso: wir erdichten uns den größten Teil des Erlebnisses und sind kaum dazu zu zwingen, nicht als ›Erfinder‹ irgendeinem Vorgang zuzuschauen. Dies alles will sagen: wir sind von Grund aus, von alters her – ans Lügen gewöhnt.*

Das ist nicht nur eine neckische Anmerkung des kritischen Spötters. Wenn wir aus den chaotischen objektiven Gegebenheiten ein geordnetes, sinnvolles Erlebnis formen (vielleicht schon: wenn wir aus diffusen Wirklichkeitspartikeln eine konzise Wahrnehmung bilden), und mehr noch: wenn wir aus erfahrenen Ereignissen eine Geschichte bilden, lügen wir. Man kann und sollte vielleicht abschwächen: wir »lügen«; aber jedenfalls sind wir weder fähig noch willens, Tatsachen umfassend festzuhalten. Unter diesem Aspekt aber muss die Abweichung von der Realität nicht als Manko betrachtet, sie kann auch als Aktivposten verstanden werden. Und hier kommt es dann zu einer Verbindung von Märchen und Lüge.

Vladimir Nabokov merkte einmal an, Literatur nehme ihren Anfang nicht mit dem Neandertaler-Jungen, der schreiend in die Höhle kam, weil ihm ein Wolf folgte, sondern mit einem, der schrie, ein Wolf folge ihm, obwohl es nicht so war. Das ist ein Hinweis auf die Produktivkraft Phantasie als ursprüngliche und zentrale Potenz in der Literatur, die grundsätzlich nicht ein Nachzeichnen der Wirklichkeit ist, sondern die sprachliche Formung von Vorstellungswelten. In diesem Sinn bezeichnete Novalis das Märchen als *Kanon der Poesie*. Das wird oft zitiert, dabei aber oft missverstanden als stoffliche Richtschnur. Gemeint ist das Primat der Phantasie in der Dichtung, unabhängig vom Ausmaß der verwerteten realen Elemente. Anatole France beurteilte alle Bücher, die keine Lügen enthalten, als langweilig; dabei sollte man freilich die Unterscheidung gegenwärtig halten, die Wilhelm Genazino vorschlug: nicht *Verlogenheit*, sondern *Lügenhaftigkeit gehöre zum Wesen der Poesie. Diese Einsichten lassen sich auch garnieren mit Aussagen zur Bildenden Kunst; von Picasso stammt beispielsweise der Satz: Die Kunst ist eine Lüge, die uns erlaubt, uns der Wahrheit zu nähern, zumindest der Wahrheit, die uns verständlich ist. Auch Nietzsche stellt diese Verbindung her; die Feststellung, dass wir ans Lügen gewöhnt sind, ergänzt er: Oder, um es tugendhafter und heuchlerischer, kurz angenehmer auszudrücken: man ist viel mehr Künstler, als man weiß.*

Vor diesem Hintergrund ist eine Annäherung von Märchen und Lüge möglich. Es besteht eine Überlappung in dem Bereich, in dem die Phantasie das Hausrecht hat. Insofern gibt es Verbindungen zwischen Dichtung und Lüge, beim Märchen als potenzierter Dichtung erst recht. Eine plumpe Gleichsetzung verbietet sich, aber eine Annäherung ist legitim. Ich nehme das Weinrich-Zitat noch einmal auf und vervollständige es; er sagt: ...*die Gattung, die am meisten in den Verdacht geraten muss, lügenhaft zu sein, das Märchen nämlich, hat auch die meisten Gattungsmerkmale.* Soll heißen: Wenn ich ein Märchen höre oder lese, weiß ich, dass es ein Märchen ist – ich bewege mich in einem Umkreis, in dem Abweichungen von der Wirklichkeit, von der Tatsachenwelt legitim und zu akzeptieren sind; es sind keine Lügen. Man kann natürlich die Faktentreue als Maßstab nehmen: Tauben, die Linsen sortieren – *Lüge!* Ein Wolf, der seine Stimme verstellt – *Lüge!* Dienstpersonal, das 100 Jahre schläft – *Lüge!* Stiefel, die sich in der Geschwindigkeit von Formel 1 bewegen – *Lüge!* Sieben Zwerge, die im Wald wohnen – *Lüge!* Das sind alles rationale Einwände – nur steht, wo sie in Stellung gebracht werden, überall ein Schild: Sie verlassen jetzt die Zone des Märchens, des Märchenhaften.

Normalerweise wird die Kraft und Kompetenz der Gattung, wie sie in den Gattungsgesetzen zum Ausdruck kommt, unterschätzt, weil diese untergründig funktionieren. Auch wenn ein Buch keinen bunten Umschlag mit Märchenmotiven hat und nicht in einem Märchenerzählkreis präsentiert wird, gibt es Signale, die uns auf Märchen einstimmen. Als Vergleich kann man die verschiedenen Kanäle im Fernsehen heranziehen, die verschiedene Erwartungshaltungen abrufen und damit die Auswahl erleichtern. Für die verschiedenen Erzählformen gibt es zwar keine Fernsteuerung, aber fast immer schon im Eingang Wegweiser: *Angela Merkel kommt zu Donald Trump* – da ist keine politische Verlautbarung zu erwarten, sondern ein Witz. *Es war einmal ein kleines Mädchen*, oder auch: *Ein Mann hatte drei Söhne* – da weiß ich, es sind Märchen. Wir verdanken André Jolles wichtige Einsichten in die Taxonomie einfacher Gattungsformen; er setzt für die einzelnen Formen eine je spezifische *Geistesbeschäftigung* voraus – eine besondere Einstellung, einen besonderen Maßstab, der meist schon in den Eingangsformeln, jedenfalls aber in der Einfärbung der Handlungsmotive erkennbar ist.

Diese Überlegungen sind relevant für das Verhältnis von Märchen und Lüge. Das Märchen enthält viele Lügen, die dank der Rahmung (dank der Tatsache, dass es sich um ein Märchen handelt) keine Lügen sind. Dazu kommt noch etwas Anderes. Die Züge des Märchens, welche die Wirklichkeit übersteigen, sind nicht nur dank der Zugehörigkeit zum poetischen Reich des Märchens neutralisiert, vom Verdacht der Lüge gereinigt – sie tragen vielfach auch in sich eine besondere Qualität. Das traditionelle Märchen enthält Motive, die im Ursprung magisch oder mythisch waren (das ist zweierlei, aber im Märchen begegnen sich Mythos und Magie). Die Verwandlung eines Tiers in einen Menschen, ein sprechender Totenkopf, die Überlistung eines Riesen, die bösartige Übertragung von Krankheiten und anderen Schäden, die Ausstattung mit Zaubermitteln und Zauberformeln – das sind *auch* Elemente magischer Vorstellungen, die zum Aberglauben älterer Entwicklungsstufen gehören. Und dass menschliche Gestalten in Tierform erscheinen können, war Teil des Mythos, in dem ja auch Götter diesem Wandel unterworfen waren. Diese Motive sind aus dem Märchen nicht wegzudenken – aber sie ticken im Märchen anders, sie sind nicht mehr magisch und nicht mehr mythisch. Wilhelm Grimm merkte in diesem Sinn an, das Märchen spiele mit dem, was früher Bedeutung hatte. Im Märchen herrscht ein Gleichgewicht zwischen vorgegebenem Material und Personal und dem freien Spiel, also der Verwandlungsfähigkeit unter ästhetischen Gesichtspunkten.

Märchen und Lüge stehen sich nicht beziehungslos gegenüber, sind aber keineswegs identisch. Um der Beziehung noch etwas näher zu kommen, wende ich mich einer Mischform zu, dem *Lügenmärchen*. Geht man von der normalen Wortbildung aus, so handelt es sich dabei um ein Märchen, das von Lügen geprägt oder mitgeprägt ist. Dann wäre auch »*Das tapfere Schneiderlein*« ein Lügenmärchen. Schon der

Wahlspruch *Sieben auf einen Streich* ist ja eine Lüge; und in den Auseinandersetzungen arbeitet der Schneider ständig mit Tricks, die er mit Lügen einführt (der Stein, aus dem er angeblich den Saft presst, ist ein Käse – der Stein, den er wirft, ist ein Vogel – und so fort). Auch in anderen Märchen werden manchmal Tricks und Unwahrheiten vorgeführt; aber es sind keine Lügenmärchen. Als solche werden seit langem mehr oder weniger absurde Geschichten bezeichnet, in denen die Gesetze der Wirklichkeit außer Kraft sind oder Momente des Wirklichen fortgesponnen werden ins Unwirkliche.

Als Beispiel kann das in den Kinder- und Hausmärchen abgedruckte »*Dietmarsische Lügen-Märchen*« herangezogen werden, das gleich damit beginnt, dass *zwei gebratene Hühner fliegen*, dass *ein Amboss und ein Mühlstein* über den Rhein schwimmen, dass ein Frosch *eine Pflugschar zu Pfingsten auf dem Eis* frisst. Solche Geschichten gehören in die Tradition phantastischer Verrücktheiten, die in Frankreich schon im 13. Jahrhundert in der Form der Fatras auftauchen und in der Renaissance auch bei uns heimisch werden – in der Form von kleinen Erzählungen, von Schwänken, Gedichten und Liedern (*Dunkel war's, der Mond schien helle*). Sie wurden manchmal als Märchen bezeichnet wegen ihrer Abweichung von der Wirklichkeit; aber die Verwandtschaft ist doch nur sehr entfernt. In diesen Formen herrscht ungebundene Fabulierlust, sie sind frei von Vorgaben einer Handlungsstruktur. Ihr besonderer Reiz entsteht aus der raffinierten und überraschenden Zusammenstellung von Unmöglichkeiten, aus der Übersteigerung von Absurdität.

Ernst Meier nahm Mitte des 19. Jahrhunderts ein Lügenmärchen in seine Sammlung auf: *Da war einmal ein Mann, der hörte junge Vögel piepsen in einem hohlen Baum und stieg hinauf und wollte das Nest ausnehmen. Weil aber das Loch zu klein war, als dass er mit seiner Hand hätte hineinkommen können, – was tat er? – er besann sich nicht lang und kroch flink mit seinem ganzen Leibe hinein und nahm sich das Nest. – Nun aber saß er in dem Baume und konnte durch das Loch nicht wieder heraus; denn das war nur gerade für einen Vogel groß genug, musst Du wissen. – Was sollte er nun anfangen? Er musste sich endlich dazu entschließen, in seine Wohnung zu gehen und sich eine Axt zu holen, und dann kroch er wieder in den Baum und haute von innen heraus das Loch so groß, dass er mit seinem ganzen Leibe und mit dem Vogelneste in der Hand nun auch bequem wieder herauskriechen konnte. Das war aber ein Stück Arbeit; ja, das will ich meinen!*

Solche Geschichten erinnern ein wenig an absurde Witze und haben überhaupt eine größere Nähe zu anderen Gattungsformen als zum Märchen. Oft handelt es sich um Aufschneidereien, wie sie in Amerika als *Tall Tales* in der Überlieferung eine große Rolle spielen. Auch zu den Legenden kann eine gewisse Nähe registriert werden, da diese ja oft mit überdimensionierten Martyrien und mit unglaublichen (wenn auch geglaubten) Wundern aufwarten. Und aufgrund der vielen Wahrheitsbeteuerungen kann sogar eine Verbindung hergestellt werden zu den sogenannten *Foaf* Tales – Geschichten, die angeblich *a friend of a friend* erzählt hat.

Implizit haben viele Lügengeschichten eine moralische Intention, nämlich die Warnung vor der Lüge, da sie ja doch entdeckt wird und daher unsinnig ist. In einzelnen Erzählungstypen ist die moralische Wendung ganz zentral; das gilt auch für die wohl bekannteste Lügengeschichte (von einem

Gedicht Christian Fürchtegott Gellerts ist sie früh in die Lesebücher gewandert): »*Die Lügenbrücke*«. Einer erzählt von Katzen so groß wie Kühe; als er sich aber der Brücke nähert, die angeblich einbricht, wenn man gelogen hat, werden die Katzen allmählich kleiner: wie Kälbchen – wie Schafe – wie Hunde – schließlich: wie Katzen. Die Geschichte ist weltweit verbreitet; und bekannt ist die Redensart: *Die Brücke kommt!*

Lügengeschichten sind, auch wenn man sie als Lügenmärchen bezeichnet, keine Märchen. Wie das Märchen weichen sie ab von der Wirklichkeit, aber sie haben keine oder eine andere Handlungsstruktur als das Märchen. Für diese hat Alan Dundes eine Kurzformel gefunden: L > LL, das heißt: *lack liquidated*. Ein zuerst vorhandener Mangel wird ausgeglichen; der Sinn des Märchens liegt im Erreichen eines Glückszustands über viele Hindernisse hinweg. Anhand der *Lügenbrücke* lassen sich detaillierte Unterschiede zwischen Märchen und Lügengeschichte – und auch zwischen Märchen und Lüge – erkennen. Im Märchen gibt es keine Relativierungen, sondern nur absolute Feststellungen. Die *Siebenmeilenstiefel* lassen sich kaum in Sechs- oder Fünf- oder Viermeilenstiefel verwandeln; die Märchenfiguren schlafen *100 Jahre* – wer daraus 90 oder gar 87 macht, stört und zerstört den Märchenstil.

Zum genaueren Verständnis können Kategorien des Schweizers Max Lüthi herangezogen werden: *Eindimensionalität* (Reales und Wunderbares liegen auf einer Ebene; das Märchen geschieht in einer eigenen Welt, in der dieser Unterschied belanglos ist); *Abstraktheit* (die klare Profilierung, welche die Dinge nicht konkretisierender Relativierung aussetzt). Das Märchen bleibt bei der bloßen Benennung, es verzichtet auf psychologische Differenzierung. Wenn ein Schulaufsatz über die Eigenschaften von Rotkäppchen verlangt wird, ist das ein Verstoß gegen dieses Prinzip; wenn Rotkäppchens Skrupel betont werden, ist es eine Abweichung von der Märchenwelt. Vielleicht wird dieser Wesenszug deutlicher, wenn man sich die Krankheit im Märchen vor Augen hält. Es gibt in den Märchengeschichten immer wieder Beeinträchtigungen, die überwunden werden; es heißt dann: die Prinzessin ist krank – aber es ist fast undenkbar, dass die Krankheit konkretisiert wird. In der Lüge dagegen werden konkrete Bezüge und Dinge unserer Wirklichkeit zum wichtigen Motiv.

Das Märchen ist strukturell und stilistisch weiter abgerückt von der Wirklichkeit. Trotzdem ist die Realität gegenwärtig. Die Zuhörer oder Leser (gerade auch kindliche Zuhörer) messen die Geschichten unvermeidlich an der Realität, auch wenn sie in die spezifische Dynamik der Märchen hineingezogen werden. Es ist durchaus möglich (und nachweisbar), dass sie Motivzüge des Märchens als unwahr, als Lüge empfinden; aber die dominierende Perspektive, die *Geistesbeschäftigung*, überspielt dies – und spätestens beim glücklichen Ende sind die vorangegangenen Übertreibungen und Irrealitäten keine Lügen mehr, sondern Stationen auf dem Weg zum Glück.

Ich habe das Thema »*Märchen und Lüge*« vor einiger Zeit in einem Vortrag behandelt und dem sachkundigen Publikum ein längeres, etwas boshaft konstruiertes Resümee angeboten:

Sie kennen alle das neue Buch von Vera Bugia: »Fratelli Grimm« – eine größere Zahl der Zuhörenden nickte beflissen, und ich fuhr fort: Darin hat die Verfasserin ja bisher unbekannte Briefe der Brüder Grimm publiziert. *In einem dieser Briefe schildert Wilhelm seine Begegnung mit einem halbwüchsigen Mädchen: Ich habe beobachtet, dass eine rege Empfänglichkeit für die Märchen nur dort vorhanden ist, wo die Phantasie noch nicht von den Verkehrtheiten des Lebens ausgelöscht war – der rechte Gebrauch findet in ihnen nichts Böses heraus. Bei einem meiner Spaziergänge nach einem mühsamen Arbeitstag (Jacob drängte mich, eine Chronik vollends auf Sagenstoffe zu überprüfen) traf ich auf ein junges Mädchen, wahrscheinlich das Töchterchen eines Handwebers, ihrem Aufenthalt nach zu schließen. Ich brachte die Rede auf unsere Märchen, und das Kind folgte mit wachen Augen dem Geschehen, das ich recht lebhaft vorzustellen mich bemühte. Es hatte die Geschichte von Aschenputtel vielleicht noch nie gehört, und für mich war es bedeutend, wie es die verschiedenen Phasen und Elemente der Erzählung aufnahm. Ich merkte bald, dass es bei jeglicher Bösartigkeit gegen Aschenputtel sich gegen die Geschichte wehrte und manchmal recht entschieden zu mir bemerkte: Das ist gelogen!, aber als der Königssohn das Aschenputtel gefunden hatte und als ich fragte, ob denn auch das gelogen sei, rief die Kleine aus: Aber nein, das ist wahr, das ist alles wahr.*

Der gute Ausgang wirkt hier also als Katalysator; das Glück verleiht spätestens rückwirkend der Geschichte den Charakter der Wahrheit und befreit sie vom kleinlichen Vergleich mit den Tatsachen. Da das Märchen in seiner gesamten Struktur auf das Glück ausgerichtet ist, gewinnt es die Existenzform der Wahrheit zurück, die eine andere Wahrheit ist als die der Lüge entgegengesetzte Übereinstimmung mit der Tatsachenrealität.

Damit möchte ich die Gegenüberstellung von Märchen und Lüge abschließen. Ich hoffe, dass in beiden Richtungen eine gewisse Konturierung entstanden ist. Allerdings muss ich zum Schluss noch eine Lüge eingestehen. Wilhelm Grimm hat ähnliche Passagen wie die von mir vorgetragenen niedergeschrieben, aber der zuletzt zitierte Brief stammt nicht von ihm, sondern von mir. Und das Buch von Vera Bugia findet sich in keiner Bibliothek, und wahrscheinlich gibt es auch keine Vera Bugia. *Bugia* ist im Italienischen die Lüge, und *Vera* hängt zusammen mit veritas, der Wahrheit. *Vera Bugia* ist also eine *wahre Lüge* – dies steckt in der erfundenen Briefpassage, und dies scheint mir als Umschreibung für das Märchen gar nicht so falsch: Lüge bezogen auf die Einzelheiten, die von den Richtigkeiten unserer Perzeption, unserer Normalwelt abweichen; und Wahrheit bezogen auf die Bündigkeit und Autonomie einer besonderen poetischen Form.

Ich registrierte mit Vergnügen, dass wieder Einige eifrig nickten, zum Teil dieselben, die vorher ihre Vertrautheit mit dem nicht existierenden Buch demonstriert hatten. Jedenfalls rief niemand: *Erzähl keine Märchen!*

Und die Moral von der Geschicht'

Prodesse et delectare, Nutzen bringen und unterhalten – das ist ein geläufiger Anspruch an die Literatur. Die Formel geht zurück auf den römischen Dichter Horaz, der in seiner »*Ars poetica*« allerdings mit einem *aut – aut*, einem entweder – oder operierte und erst dann ein weiteres oder hinzu fügte, nämlich die Kunst, gleichzeitig Erfreuliches und für das Leben Nützliches anzubieten. Dass sich die prinzipielle Erwartung auf diesen Modus und damit auf die verkürzte Formel festgelegt hat, ist kein Zufall, denn im Grunde ist immer beides gefragt. Auch die sogenannten Sachbücher suchen ja doch ihr Wissen unterhaltsam zu vermitteln, und selbst triviale Unterhaltungsromane transportieren auch Informationen, die nutzbringend sind oder sein sollen. Und selbstverständlich gilt diese Doppelung ebenso für Erzählungen, für literarische so gut wie für mündliche.

Fragt man nach dem Charakter des Nützlichen, so bietet sich an erster Stelle der moralische Gehalt an. Am Beispiel des Märchens ist dies schon deutlich geworden. Gewiss sind die zentralen Märchenfiguren nicht alle Tugendhelden. Das leitende Prinzip der Glücksgeschichte gibt ihnen auch die Freiheit zu unmoralischem Handeln, sei es in harmloser Form wie bei den Lügentricks des tapferen Schneiderleins oder in bedenklich brutaler Weise wie bei den grausamen Bestrafungsaktionen für Gegenspieler. Aber prinzipiell stehen sie als die schlechthin Guten den ebenso absolut gezeichneten Bösen gegenüber. Der moralische Charakter der Märchenerzählungen wird außerdem dadurch verstärkt, dass auch die Tiere nicht nur in ihrem instinktiv wilden Leben vorgeführt werden wie der gefräßige Wolf in seinem Zusammentreffen mit den sieben Geißlein oder in der ihm unterstellten Gefährlichkeit für die Menschen im Märchen vom Rotkäppchen. Tiere im Märchen können auch freundliche Helfer sein. Im Grimm-Märchen »*Der goldene Vogel*« ist dieses Titel-Tier zwar nur das Objekt, das von den drei Söhnen des Königs ebenso gesucht werden muss wie danach das goldene Pferd und schließlich die Königstochter; aber eine wichtige aktive Rolle spielt in dem Märchen ein freundlicher Fuchs, von dem die Brüder wertvolle Ratschläge erhalten. Und der Bär in der Geschichte von »*Schneeweißchen und Rosenrot*« fügt sich nicht nur friedlich in den Haushalt der beiden Mädchen ein, sondern leistet auch die entscheidende Hilfe gegen einen bösen Zwerg.

Sehr viel direkter als im Märchen werden moralische Botschaften in der Fabel ausgesprochen, die als Gattung älter und sowohl in der abendländischen Tradition der Antike wie im Orient sehr früh nachweisbar ist. Die Tiere sind darin gewissermaßen verkleidete Menschen, sie agieren in Szenarien der menschlichen Gesellschaft und sind meist den Kategorien gut oder böse, oft auch klug oder dumm zugeordnet. Ganz eindeutig ist diese Zuordnung nicht; der Fuchs beispielsweise setzt seine List für gegensätzliche Absichten ein. In der alten Geschichte von Reineke Fuchs, aus der Goethe ein großartiges Versepos schuf, arbeitet er rücksichtslos für seinen Vorteil und seine Macht – hinzuzufügen: wie die Mächtigen unter den Menschen, und deshalb erregen seine Tricks Bewunderung und Heiterkeit.

Der Bezug zu Grundproblemen der menschlichen Realität und ihre Konzentration auf moralische Gegensätze hat die Gattung der Fabel durch viele Jahrhunderte lebensfähig erhalten. Umfangreiche Sammlungen werden in der Zeit der Renaissance publiziert, und in der zweiten Hälfte des 17. Jahrhunderts veröffentlichte der französische Autor Jean de La Fontaine zwölf Bücher mit in Verse gefassten Fabeln, die auf große Teile der europäischen Literatur befruchtend wirkten und in Deutschland auch eine ganze Reihe theoretischer Auseinandersetzungen anregten. Lessing ist dabei ein wichtiger Wortführer, und er erzählt in drei Büchern auch fast hundert Fabeln. Allmählich wächst aber auch die Kritik an der aufdringlich lehrhaften Gattung. Der Philosoph Georg Wilhelm Friedrich Hegel spricht von *großer Dürftigkeit* und wendet sich in seinen Vorlesungen zur Ästhetik generell gegen die *Degradation des Tierischen*, gegen das Verschwinden des Respekts *vor der dunklen, dumpfen Innerlichkeit des tierischen Lebens.*

Die Fabeln überleben die Kritik vor allem als Lehrstoff für Kinder, und noch immer können sie aktualisiert werden. Die dezidierte moralische Ausrichtung wurde freilich immer häufiger in eine ironische Perspektive gerückt und auch durch Geschichten ohne Tiere ergänzt. Wilhelm Busch war dabei mit den Streichen von »*Max und Moritz*« und weiteren Vers- und Bildgeschichten am einflussreichsten. Auch er setzt moralische Akzente, indem er unmoralische Verstöße der Bestrafung zuführt; aber die Sympathie für die Abweichler, die sich verrückte Streiche ausdenken, wird nicht vollständig beseitigt. *Die Moral von der Geschicht'*, die früher ziemlich ernsthaft aus der erzählten Handlung abgeleitet wurde, ist bloß noch ein komisches Resümee. Die abgekürzte Form von Geschichte wird dabei meistens bevorzugt, weil sie das Reimwort *nicht* ermöglicht, und sie ist so auch im alltäglichen Gespräch verfügbar: *Und die Moral von der Geschicht': Vergesst die Schwiegermutter nicht.*

Was hier knapp in der literarhistorischen Abfolge skizziert ist, hat auch Entsprechungen im Bereich des mündlichen Erzählens. Zeugnisse dafür sind dünn gesät; aber mitunter finden sich Hinweise darauf, dass die über Jahrhunderte hinweg bewahrten Stoffe nicht nur in Büchern überlebt haben. Die Literaten, die sie vorstellten, waren ja doch Teil einer überwiegend durch mündliche Kontakte bestimmten Kultur, und dass viele Fabeln allgemein bekannt waren, beweisen auch Sprichwörter und Redensarten, die darauf Bezug nehmen. Die Aufmerksamkeit auf moralische Prinzipien blieb jedenfalls ein wesentliches Element der Kommunikation, einerseits wegen des Gewichts moralischer Entscheidungen im alltäglichen Getriebe, andererseits auch wegen der Tendenzen zur Belehrung, mit der die herrschende Schicht das einfache Volk steuerte. Ein Beispiel: Im Mittelalter, einer Hochzeit der Entstehung und der Wiedergabe von Legenden, wurden Geistliche ermahnt, in diesen nicht so stark die Wunder zu betonen, weil sonst die moralischen Botschaften überdeckt würden – Johannes der Täufer habe kein einziges

Wunder vollbracht und sei doch ein Heiliger aufgrund seiner Taten. Inhalt und Richtung der Moral liegen nicht ein für allemal fest. In den jüngeren, weniger wundergläubigen Zeiten zeigt sich eine gewisse Umkehrung; Moral wird vielfach an religiöses Bekennen gebunden. In Zürich erscheint 1783 ein Buch von Pfarrer Felix Waser mit dem Titel: »*Etwas Angenehmes und Nützliches auch für den gemeinsten Mann und insonderheit für die Gemeinen und Repetier-Schulen auf dem Land*«. Erzählt wird darin als Beispiel, wie in das Danziger Getreidemagazin des reichen Händlers Samuel Richter ein zehnjähriger Knabe kam und um ein Almosen bat, vom Buchhalter jedoch abgewiesen wurde. Aber als der Getreidehändler beobachtet, wie der Junge im Fortgehen eine Stecknadel aufhebt, rührt ihn *die treuherzige Art des Knaben*. Er schickt ihn zum Bäcker mit einem halben Gulden – für die Hälfte solle er Brot kaufen und die andere Hälfte zurückbringen. Dies geschieht, und ein weiteres Motiv bringt vollends die glückliche Wendung: Bevor der Junge in seinem Heißhunger zu essen beginnt, faltet er die Hände und spricht ein Gebet. Der Handelsherr, tief beeindruckt, nimmt sich seiner an, sorgt für seinen Schulbesuch, und schließlich wird der Pflegesohn zum Erben des Unternehmens und heiratet die Tochter des Wohltäters. Was in späteren Geschichten mit der US-amerikanischen Schlagzeile *Vom Tellerwäscher zum Millionär* zu charakterisieren und in der Leistungsmoral verankert ist, hat hier eine religiöse Grundlage.

Diese Ausrichtung bleibt lange erhalten. Auch im 19. Jahrhundert wird eine Vielzahl von Geschichten gedruckt, in denen religiös bestimmtes Handeln – Stiften von Votivgaben, Wallfahrten, aber auch das Beten – reichlich belohnt wird. Es handelt sich dabei um Handreichungen für Geistliche und auch für Lehrer, da ja auch die Schule wesentlich von kirchlichen Ordnungen und Verordnungen geprägt war. Obwohl die beglückenden Folgen frommer Handlungen unrealistisch waren, fanden die Geschichten eine große Leserschaft und gewiss auch Platz im mündlichen Erzählgut – vor allem, weil sie von realen Alltagsproblemen ausgingen. Ein 1881 erschienener Band trägt den unprätentiösen Titel »*Unsere Geschichten*« und beschreibt im Untertitel die Funktion: »*Erzählungen für Kinderpflege und Kinderstube wie für die Sonntagsschule*«. Erzählt wird beispielsweise von einer armen Witwe mit fünf Kindern, denen sie eines Morgens nichts mehr zu essen geben kann. Der kleine Sohn *machte sich nüchtern und sehr betrübt auf den Weg in die Schule*, betrat aber vorher die Kirche, betete laut und erinnerte den Heiland an sein Versprechen zur Hilfe. Als er von der Schule zurück kam, stand er vor einem reichlich gedeckten Tisch – die *Frau Amtmännin* hatte in der Kirche sein Gebet mit angehört und geholfen, im Namen des lieben Gottes. Hier wie in vielen derartigen Geschichten herrscht das Utilitätsprinzip; als Moral der Geschichte wird angeboten, dass sich Tugend und Frömmigkeit bezahlt machen.

Die menschliche Realität ist durchsetzt mit moralischen Entscheidungen, und dabei ist nicht nur an besonders bedeutsame Alternativen zu denken, sondern auch an banale Weichenstellungen: Aufbrechen zum geplanten Krankenbesuch? Fortsetzung der begonnenen Arbeit? Durchhalten körperlicher Anstrengungen im Sport? Verzicht auf ein Vergnügen zugunsten einer politischen oder humanitären Aktion?

und so weiter. Insofern ist es nicht verwunderlich, dass moralische Aussagen in vielen Erzählungen enthalten sind, auch in solchen, deren Sinnbezüge und Schwerpunkte die Alltagswelt übersteigen – wie die Legenden. Die religiöse Einbindung ist aber nicht zwingend, und die Erzählungen führen auch nicht immer zu einem glücklichen Ausgang. Weit verbreitet war die Geschichte von den *Mordeltern*. Sie nehmen einen Heimkehrer aus Krieg und Gefangenschaft bei sich auf und töten ihn in der ersten Nacht aus Habgier, nachdem sie in seinem Gepäck Geld und Schmuck gesehen hatten; erst danach entdecken sie, dass es der eigene Sohn war, den sie nach der langen Abwesenheit nicht wiedererkannt hatten. Diese Erzählung, die noch nach dem letzten großen Krieg die Runde machte, gehört zu den Geschichten, die vollständig auf Moral abgestimmt sind und als *Moralische Geschichten* eine eigene Erzählgattung bilden.

Zu den »*Kinder- und Hausmärchen*« habe ich angemerkt, dass diese Sammlung der Brüder Grimm nicht nur die allgemein bekannten Geschichten mit einprägsamen moralischen Geboten enthält, sondern auch viele andere Märchen, die ohne gravierende moralische Stellungnahme das Glück der zentralen Figuren ansteuern. Es finden sich darin aber auch Erzählungen, die im Gegensatz zum Märchen die Grenzen der erfahrbaren Welt nicht überschreiten, vielmehr ausschließlich auf ein reales moralisches Problem zielen. So enthält die kurze Erzählung »*Der alte Großvater und der Enkel*« keinerlei übersinnliche Motive. Der alte Mann bleibt beim Essen mit der Familie hinter den Ofen in die Ecke verbannt und ist auf ein Holzschüsselchen angewiesen, bis der kleine Enkel an einem zweiten Schüsselchen schnitzt und so den

Eltern begreiflich macht, was ihnen bevorstehen könnte. *Da sahen sich Mann und Frau eine Weile an. Fingen endlich an zu weinen, holten alsofort den alten Großvater an den Tisch und ließen ihn von nun an immer mitessen, sagten auch nichts, wenn er ein wenig verschüttete.* Kein Märchen – aber dass die Geschichte in der berühmten Märchensammlung steht, darf wohl als Hinweis darauf gewertet werden, dass auch die Märchen nicht nur in die Vergangenheit führen, sondern dass sie in jener Phase auch als Instrument der Aufklärung fungierten. Jacob und Wilhelm Grimm suchten im Geiste der Romantik traditionelle Phantasien in ihre Gegenwart zu retten, aber sie ignorierten auch nicht die Probleme ihrer Zeit, was ja in der berühmten politischen Widerstandsaktion der *Göttinger Sieben* besonders deutlich wurde.

In der zweiten Hälfte des 18. Jahrhunderts kam die Aufklärung in Deutschland unter dem Einfluss englischer und französischer Philosophen zu ihrem substanziellen theoretischen Ausbau, mit dem Höhepunkt von Immanuel Kants Kritiken und seiner Definition: *Ausgang des Menschen aus seiner selbstverschuldeten Unmündigkeit.* Es war aber auch die Zeit, in der die sozialen Barrieren ins Auge gefasst wurden, die diese universale Forderung blockierten. Der preußische König Friedrich II. verlangte von seiner *Académie Royale des Sciences et Belles-Lettres*, eine nützliche Preisfrage zu stellen, und er gab das Thema vor: *S'il peut être utile de tromper Le Peuple*. Die deutschsprachige Ausschreibung des Wettbewerbs macht klar, dass nicht an den Nutzen für die Herrschaft zu denken ist: *Nützt es dem Volke, betrogen zu werden?* Es geht um den bereits in Gang befindlichen Reformprozess der *Volksaufklärung*. Die theoretische Reflexion wurde begleitet von Bemühungen praktischer Umsetzung. Die Autoren wandten sich vermehrt belehrenden Erzählungen zu; moralische Ermahnung war impliziert, wurde aber auch explizit in Schlussbemerkungen vorgeführt. Dies lässt sich gut an den *Kalendergeschichten* von Johann Peter Hebel verfolgen, die oft mit einem moralischen Merksatz schließen, die aber schon in ihrer schlichten Erzählweise den moralischen Gehalt so deutlich machen, dass er der Aufforderung *Merke* einmal gar keine Ermahnung folgen, sondern es mit einem Ausrufezeichen bewenden ließ: *Merke!*

Die Annahme, der gehobene Zeigefinger, also die ausdrückliche moralische Mahnung, sei ein fataler Fremdkörper in der Dichtung, lässt sich über weite Strecken der Literaturgeschichte widerlegen; und in jener Konjunkturzeit moralischer Geschichten zeigt sich sogar eine Entsprechung in der Lyrik. Die Balladen Friedrich Schillers sind großenteils moralische Gedichte, in denen Wahrhaftigkeit und Freundestreue, Demut und Bescheidenheit gefeiert werden. Dies hat gewiss dazu beigetragen, dass Schiller nach einer bissigen Bemerkung Nietzsches manchmal als *Moraltrompeter von Säckingen* gilt; aber die in Frage stehenden Gedichte sind alle populär geblieben – sicher auch als didaktische Musterstücke in der Schule, aber keineswegs darauf beschränkt.

Wichtiger noch als diese literarischen Gipfeltouren sind die Entwicklungen im weniger anspruchsvollen Unterbau der Literatur. In jener Zeit gibt es eine Vielzahl von Autoren und auch einige Autorinnen, die mit belehrenden Schriften hervortreten – darunter viele Lehrer und noch mehr Geistliche. Das bedeutet nicht, dass allein die Religion im Vordergrund stand. Die geistige Elite war zu großen Teilen auf kirchliche Berufstätigkeit angewiesen, aber nicht darauf beschränkt. Ihr Interessenhorizont schloss fortschrittliche Wissenschaftsgebiete ein. So gab es eine ganze Reihe Techniker-Theologen, die mit Erfindungen hervortraten; mit Philipp Matthäus Hahn soll wenigstens ein Name genannt werden. Viele Pfarrer dehnten die Seelsorge auch auf praktische Hilfen aus. Ihre Schriften gehörten zur Volksaufklärung. Die Reichweite blieb in vielen Fällen sehr begrenzt: Ausrichtung auf ein spezielles Feld der Agrarwirtschaft wie Aussaat oder Düngung, und die Abhandlungen wurden oft nur in einer kleinen Region zur Geltung gebracht. Aber es gab auch besonders einflussreiche Bücher, die sich umfassend mit dem bäuerlichen Alltag auseinandersetzten. Hervorzuheben ist hier Rudolf Zacharias Becker, dessen Name in den späteren Darstellungen der deutschen Literaturgeschichte kaum einmal auftaucht, der aber mit den Auflagen seines Hauptwerks selbst die erfolgreichsten Klassiker überrundete.

Becker hatte Theologie studiert und war lange Jahre als Hauslehrer beschäftigt. Die Wendung brachte seine Beteiligung an dem erwähnten preußischen Wettbewerb. Sein energisches Eintreten gegen alle Täuschungsmanöver von oben und für die Ausdehnung des *Perfektibilismus*, der Vervollkommnung, auf alle Volksschichten wurde ausgezeichnet und lenkte seinen Ehrgeiz in den Versuch, dazu einen wichtigen Beitrag zu leisten. Nach einigen kleineren Abhandlungen veröffentlichte er sein »*Noth- und Hülfs-Büchlein für Bauersleute*«. Es setzte sich mit dem Leben der bäuerlichen Bevölkerung kritisch auseinander, aufsteigend von den *sinnlichen Bedürfnissen* und der *Befestigung des physischen Wohlstands durch das bürgerliche Gesellschaftsband bis zur Ausbildung des Geistes* und dem *Bedürfnis der Sittlichkeit*. Die ökonomischen Informationen zu Land- und Hauswirtschaft nehmen den größten Raum ein, und lange verweilt Becker auch bei Belehrungen zu Gesundheit und Krankheit. Aber er äußert sich auch zur Erziehung der Kinder und zum richtigen Verhalten im Alltag. Wesentlich war dabei, dass er die praktischen und moralischen Vorschläge in konkrete Geschichten kleidete und dass er dafür einen passenden Rahmen fand. Dies drückt die Ergänzung des Titels aus: *lehrreiche Freuden- und Trauer-Geschichte des Dorfs Mildheim*. Es ist der Herr der von Becker erfundenen Gemeinde Mildheim, der die Verbesserungen in Gang setzt und die Leute sogar mit einem eigenen *Volks-Liederbuch* erfreut; und die Mildheimer Bauersleute lassen sich darauf ein und werden zum Muster der fortschreitenden Aufklärung.

Ein eindrucksvoller Beleg für die Wirkung von Geschichten. Aber es ist ein literarischer Beleg, und für dieses ganze Kapitel liegt trotz gelegentlicher Seitenblicke auf das mündliche Erzählen der Einwand nahe, dass es sich vor allem um Beobachtungen aus der Literaturgeschichte handelt. Man kann dies als eine lange Umleitungsstrecke sehen; tatsächlich aber repräsentiert sie auch die aktiv kommunizierte lebendige Erzählwelt. Beckers Buch kam schon in der ersten Auflage mit 30.000 Exemplaren heraus, und unter Einbeziehung der nächsten Auflagen wurde errechnet, dass das Buch ungefähr in jedem zehnten Haushalt vorhanden war. Diese Zahlen dürfen sicher zu dem Schluss führen, dass der Bestseller auch Gesprächsstoff war. In jener Zeit konsolidierten sich die Schulbildung und die Alphabetisierung, sodass die Literatur – und zumal solche Literatur – Eingang in den häuslichen Umkreis auch der bäuerlichen Bevölkerung fand. Außerdem war das Vorlesen in einem größeren Kreis damals eine gängige Art der Vermittlung und fand seine Fortsetzung im mündlichen Erzählen. Auch für die angeführten anderen literarischen Texte war der Übergang ins mündliche Erzählen geebnet. Religiöse Exempel und auch manche der späteren verweltlichten Beispielgeschichten waren Teil des kirchlichen Unterrichts, und was der Pfarrer zur Vorbereitung von Konfirmation oder Kommunion vortrug, wanderte in vielen Fällen ins Erzählrepertoire der Kinder und wurde so den nächsten Generationen weitergegeben. Außerdem kann man davon ausgehen, dass in Zeiten eines im Vergleich mit heute weitaus geringeren Angebots von Lesestoff auch die eigene Lektüre sehr viel häufiger zum Weitererzählen führte, vor allem wenn es sich um relativ kurze und mundgerecht servierte Texte handelte.

Man muss diese Feststellungen nicht auf die Vergangenheit beschränken. Manche von Hebels Geschichten werden immer noch bei geeigneter Gelegenheit nacherzählt, nicht wörtlich, aber dem Gang der Handlung korrekt folgend. Für jüngere Angebote wie etwa die gereimten und bebilderten Texte Wilhelm Buschs gilt, dass einzelne Zeilen als Anspielung verfügbar sind. Der auf dem Tisch bereitgestellte Sauerkohl ruft die Verszeilen ab: *...wofür sie besonders schwärmt, wenn er wieder aufgewärmt* – aber damit verbindet sich der Streich, den Max und Moritz der Witwe Bolte spielen. Und wenn Kinder Streichhölzer in die Hand nehmen, wird nicht die ganze Unglücksgeschichte aus Heinrich Hoffmanns »Struwwelpeter« erzählt; es braucht nicht einmal die Mahnung: *Gib acht, sonst brennst du lichterloh!*

Es genügt das Zitat: *Miau mio, miau mio,* das dieser Verszeile vorangeht.

Für das Erzählen im Alltag sind aber diese direkten und manchmal wörtlichen Entlehnungen nicht das Wichtigste. Die Erzählungen, die heute in Umlauf kommen, übernehmen gerne das Schema, das für die moralischen Geschichten – sei es in gedruckter Form oder im mündlichen Verkehr – schon lange charakteristisch war.

Richtiger: sie übernehmen *die* Schemata, denn es handelt sich vor allem um zwei gegensätzliche Bauformen. Die erste: Jemand vollbringt eine gute Tat und wird dafür belohnt. Und die andere: Ein Verstoß gegen moralische Normen wird bestraft. Ausgangspunkt für die entsprechenden Erzählungen können eigene Erlebnisse sein, Kleinigkeiten oft, die aber doch eine überraschende Wendung aufweisen – die Verkäuferin, die einem nachgerannt ist, weil man einen Geldschein zu viel auf den Tresen gelegt hat; oder, die negative Sicht, der Nachbar, der sich aus dem Staub macht, nachdem er das Familienauto beschädigt hat, der aber beobachtet wurde und neben dem Schaden eine Geldstrafe bezahlen musste.

Natürlich kann die Wiedergabe gedruckter Geschichten und überhaupt das Erzählen im Alltag mit den literarischen Zeugnissen kaum konkurrieren. Es fehlt die poetische Sprache, und in vielen Fällen schrumpfen die Erzählungen auf das nackte Handlungsgerüst. Aber vielleicht sind das nicht die wichtigsten Kriterien des Vergleichs. Der Kanadier Robert Moor war im vergangenen Jahrzehnt viele Jahre auf den langen Wanderwegen der Erde unterwegs, erkundete die Kultur der Bevölkerungsgruppen, welche die Wege geschaffen und begangen hatten, und beschrieb dies in seinem

Buch »*On Trails*«, das jetzt auch in deutscher Übersetzung vorliegt: »*Wo wir gehen*«. Wo er die indianische Restgruppe der Apachen beschreibt, kommt er auch auf das Erzählen zu sprechen. Vielen der meist sehr armen Menschen kamen die europäischen Geschichten *so leblos vor wie das Papier, auf dem sie geschrieben waren. Die mündlich erzählten Geschichten der Apachen dagegen waren lebendig und wandelbar; mit jedem neuen Erzählen veränderten sie sich.* Diese Einschätzung lässt sich gewiss nicht einfach auf die hiesige Situation übertragen; aber man kann erwägen, ob nicht auch hier das ungebundene und unberechenbare mündliche Erzählen lebendiger und farbiger ist als viele Bücher.

Es beschränkt sich ja auch nicht darauf, dass eigene Erlebnisse erzählt und womöglich als dubioser Klatsch weitergegeben werden. Die Medien sind eine wichtige Quelle. Oft werden Berichte aus den Zeitungen übernommen, und diese enthalten vielfach zusätzliche Pointierungen. Die ehrlichen Finder, die in der Presse gerühmt werden, sind vorzugsweise arme Leute, Obdachlose etwa, und die Abrundung der Geschichte gilt dann als besonders gelungen, wenn der wohlhabende Verlierer dem armen Menschen ein warmes Zimmer vermittelt. Und ein Bericht über Fahrerflucht und die verheimlichte Autoattacke wird vor allem dann gedruckt, wenn der Schaden von einem verwöhnten jungen Mann verursacht wurde, während es sich bei den Geschädigten um eine kinderreiche Familie handelt, die für den Kauf des PKWs einen sehr belastenden Kredit aufnehmen musste. In dieser Kombination ist der Vorfall auch geeignet fürs Weitererzählen. Der Übergang ins mündliche Erzählen liegt auch nahe, wenn der berichtete Vorgang eine peinliche Fehleinschätzung erkennen lässt. Passiert die Rückgabe eines verlorenen Geldbetrags in einem Ferienland, dann ist oft die stillschweigende oder auch ausgesprochene Implikation: geholfen hat *ausgerechnet* ein Italiener, *ausgerechnet* ein arbeitsloser Bulgare, *ausgerechnet* eine arme Witwe. Das *Merke* muss nicht ausgesprochen werden – Vorurteile werden entlarvt, und diese Entlarvung ist die Moral der Geschichte

Es geht in derartigen Alltagsgeschichten keineswegs immer und nur um Geld. Da stürmt auf dem Bildschirm der Spieler einer Fußballmannschaft auf das eigene Tor zu und schiebt den Ball – der Torwart wehrt nicht ab – ins Netz. Der Grund: Seine Mannschaft hat unmittelbar vorher die Verletzung eines auf dem Platz liegenden gegnerischen Spielers ignoriert und ein Tor geschossen, was den eigenen Trainer dazu brachte, einen fairen Ausgleich anzuordnen. Diese kleine Geschichte war einige Zeit ein heißes Gesprächsthema, weil sie heftige Diskussionen darüber auslöste, ob die moralische Entscheidung des Trainers richtig war. Oder, um bei positiven Beispielen zu bleiben: Die Bergretter werden in den einschlägigen Fernsehfilmen nicht nur in abenteuerlichen, hochriskanten Rettungsaktionen gezeigt, sondern in vielen Fällen erhöht ein psychologisches Drama die Spannung – ein weibliches Mitglied der Bergwacht rettet aus einer Felsspalte die Frau, die ihr den Partner ausgespannt hat; oder einer der geschulten Alpinisten kommt einem Touristen zu Hilfe, der ihm den heimatlichen Hof abluchsen will.

Diese Beispiele sollen auch zeigen, dass das Erzählmaterial allen erdenklichen Medien entnommen wird, dass aber die traditionellen Strukturen die Gestaltung bestimmen. Die Geschichten sind kurzlebiger als die literarisch fixierten, nicht nur wegen der weniger ausgeprägten ästhetischen Qualität, sondern auch, weil sich ständig Neues aufdrängt. Aber dieses jeweils Neue hängt mit vielen Fäden an alten Überlieferungen – Dauer im Wechsel.

Der Glaube ans Unglaubliche

In der alltäglichen Unterhaltung ist *unglaublich* meist ein Steigerungsbegriff; irgendein Vorgang oder Sachverhalt ist so außergewöhnlich, dass man sich erst darauf einstellen muss, um ihn nach einem kurzen Vorlauf als wirkliches Faktum zu akzeptieren. In vielen Fällen handelt es sich um eine besondere Leistung oder ein folgenschweres Versagen. Allerdings deckt das Stichwort *unglaublich* eine weite Skala ab und wird auch auf selbsterlebte Harmlosigkeiten bezogen, aber meist wird dieser engere Umkreis der Erfahrung überschritten und das Unglaubliche wird von den Medien abgerufen. In der Presse hat die Rubrik *Vermischtes* und haben verstreute Berichte über Unglaubliches alle Modernisierungsschübe überdauert. Nicht nur in dubiosen Boulevardblättern, sondern auch in seriösen Zeitungen werden extreme Vorgänge präsentiert, und extreme Leistungen und Rekorde regen zum Weitererzählen ebenso an wie grausame Verbrechen, schlimme Unfälle und Naturkatastrophen.

Selbst die ganz auf die eigene Region abgestimmten Zeitungen greifen dabei weit aus und überschreiten viele Grenzen. Doch erregen Berichte aus der Nähe besondere Aufmerksamkeit. Da wird etwa von einer jungen Frau aus der eigenen Stadt erzählt, die beim Basketball eine schreckliche Knieverletzung erlitt und die ärztliche Prognose erhielt, dass sie künftig auf Gehhilfen angewiesen bleibe und jeglichen Sport vergessen könne – und jetzt, nach einigen Jahren, läuft sie Marathon und bereitet sich auf einen internationalen Triathlonwettkampf vor, der bezeichnenderweise unter dem Namen Iron*man* läuft. Oder, umgekehrter Verlauf, ein bisher unbescholtener Mitbürger kommt wegen eines grausamen Verbrechens vor Gericht. Solche Geschichten werden nicht nur eifrig gelesen, sondern auch weitererzählt. Die moralische Bewertung drängt sich dabei auf, und sie ist meist auch schon in der gedruckten Quelle enthalten und durch zusätzliche Informationen verstärkt – im Fall der Sportlerin beispielsweise durch den Hinweis, dass sie die Wendung ausschließlich ihrer eigenen Entschlusskraft und Zähigkeit zu verdanken hat, und bei dem Kriminalfall durch ausführliche Hinweise auf die Opfer des Verbrechens. Insofern handelt es sich nicht nur um Befriedigung der Sensationsgier, sondern um *moralische Geschichten*.

Aber es geht hier nicht nur um eine Ergänzung des vorausgehenden Kapitels. Versteht man das *Un-glaubliche* im eigentlichen Wortsinn als etwas, an das zu glauben ein Irrtum ist, ergibt sich in der Überschrift eine eigentümliche Spannung: Unglaublich ist die Information nach nüchtern-objektiven Kriterien, drängt und verführt aber zum subjektiven Glauben und damit auch zur Aufnahme in den persönlichen Wissensbestand und zur Weitergabe. Dies betrifft nicht nur eine einzige, genau definierbare Erzählgattung; und man bewegt sich auf verschiedenen inhaltlichen Feldern, die im Folgenden diskutiert werden. Es geht zunächst um Vorfälle, die in den – vieldeutigen und schwer abgrenzbaren – Bereich des Aberglaubens gehören. Es folgen Bemerkungen zum Umgang mit religiösen Traditionen und Glaubensvorstellungen. Von großer Bedeutung sind aber auch Theorien und Unterstellungen im weltlichen gesellschaftlichen Leben, die unglaubwürdig sind und doch geglaubt werden. Ein besonderer Akzent liegt hierbei auf der zunehmenden Internationalisierung, die vermehrt zu Begegnungen mit den Fremden und dem Fremden führt. Und schließlich wird noch ein Blick geworfen auf die poetische Nobilitierung und die spielerisch-ironische Nutzung des Unglaubhaften.

Beim Stichwort *Aberglaube* schaltet man in der Regel schnell auf historische Rückblicke, die allerdings nicht bis ins hohe Mittelalter reichen müssen. Das abscheulichste Beispiel irrigen Glaubens, die kirchlich unterstützte und juristisch legitimierte Hexenverfolgung zog sich über mehrere Jahrhunderte hin. Erst 1756 kam es in Landshut zur letzten bekannten Hexenverbrennung, und noch später, 1775 in Kempten, im Verfahren gegen eine vermeintliche Hexe zur letzten Todesstrafe, die allerdings nicht mehr vollzogen wurde. Dies bedeutete aber nur, dass man amtlich vom Glauben an Hexen abrückte, während viel davon im Denken großer Teile der Bevölkerung erhalten blieb. Die praktischen Bemühungen der Aufklärer waren nicht wirkungslos, aber keineswegs ohne Rückschläge und unerwünschte Nebenwirkungen. Der spätere Erzbischof von Freiburg Ignaz Anton Demeter formulierte 1804 als junger Pfarrer: *An Hexen und Gespenster glaubt kein gescheiter Mann – Nur in verrückten Köpfen trifft man noch so was an.* Der Spruch wanderte in die Schulbücher, und er war sicher ein Anstoß zur Überwindung abergläubischer Vorstellungen. Aber es handelte sich nicht um eine Zustandsbeschreibung, sondern um eine Forderung. Es gibt sogar Hinweise darauf, dass die Schriften der Aufklärer mit ihrer detaillierten Schilderung abergläubischer Handlungen und Dokumente manchmal zur Ausbreitung der entsprechenden Vorstellungen beitrugen – Beispiele für die später gründlich erörterte *Dialektik der Aufklärung*.

Die Publikationen mieden allerdings mehr und mehr die Diskriminierung einzelner Personen und verzichteten auf negative Bezeichnungen wie *Hexe* oder *Hexer* (anzumerken ist hier, dass die radikale Ausgrenzung in rund 80 Prozent der Fälle weibliche Personen betraf). Aber in Teilen der Bevölkerung blieben die alten Vorstellungen lebendig. In einer dörflichen Gastwirtschaft war ich Zeuge der Erzählung von zwei jungen Männern, die mit ihrem großen LKW Langholz aus einem Waldstück transportiert hatten. Sie berichteten aufgeregt, mitten im Wald habe an einer Kreuzung eine alte Frau gewinkt, die offenbar mitfahren wollte. Die jungen Leute ließen sie einsteigen und fuhren wieder los – aber es gelang dem Fahrer trotz allen möglichen Versuchen nicht mehr, den zweiten Gang einzulegen. So mussten sie kilometerweit im langsamen und lärmenden ersten Gang fahren, bis *die alte Frau* ausstieg und ihnen *hämisch grinsend* nachblickte. Von den anwesenden Gästen kamen zwar Nachfragen nach dem Ort des Geschehens, aber niemand zog den Vorfall und die implizierte Interpretation in Zweifel, und die Annahme, dass die Erzählung weitergetragen werde, war sicher berechtigt. Das Erlebnis liegt einige Zeit zurück, und vielleicht würden die Langholzfahrer heute eher über die Macken der Elektronik herziehen. Aber es wäre vorschnell, abergläubische Momente aufgrund der Modernisierung des Lebens und der fortgeschrittenen Technik nur noch als historische Gegebenheiten einzustufen. Zweifellos brachte das Engagement der Aufklärer für die Erziehung zur Vernunft frischen Wind in die vielfach erstarrten Lebensverhältnisse, und der von den etablierten Wissenschaften und der dynamisierten Technik ausgelöste kräftige Luftzug tat ein Übriges, um den Weg zu vernünftigem Denken und Verhalten frei zu machen. Aber im Windschatten dieser Umbruchstürme lebten viele irrationale Sumpfpflanzen und abergläubische Torheiten fort. In Hegels Philosophie nimmt die *List der Vernunft* einen wichtigen Platz ein – unbewusst gehen die Menschen die Wege, die den von Hegel unterstellten vernünftigen Gang der Weltgeschichte ermöglichen. Aber es gibt auch die List der Unvernunft, die Anpassung dubioser Vorstellungen an die jeweiligen Lebensverhältnisse. Der spanische Philosoph Ortega y Gasset sah in der Magie eine Vorstufe der Technik. Aber die Technik kann auch zur Vorstufe der Magie werden. Technische Fortschritte sind das Ergebnis aufwendiger Berechnungen, bleiben aber unerklärt für die Mehrzahl der Nutzer. Diese sind angewiesen auf das Funktionieren ihrer technischen Hilfsmittel, und bei gravierenden und wiederholten Pannen liegt noch immer der Gedanke nahe, es handle sich um eine Art Attentat, das nicht bestimmten Personen zugeschoben wird, sondern quasi unbekannten Mächten. Die geläufige Formel dafür ist, es gehe nicht *mit rechten Dingen* zu.

Gegen diese Einstellung sind auch Intellektuelle nicht gefeit. Der Abstand zwischen ZEITbildung und BILDzeitung soll nicht in Frage gestellt werden, aber er ist manchmal kleiner als angenommen. Menschen, die selbst an der präzisen Erklärung von Sachverhalten arbeiten, halten Unerklärtes schwer aus und sind so mitunter schiefen und auch dubiosen Erklärungsversuchen ausgeliefert. Ein junger Jurist aus meinem Bekanntenkreis stieg nach zwei unverschuldeten Autounfällen verärgert aufs Fahrrad um und hatte gleich in den ersten Wochen dreimal einen ›Plattfuß‹ zu beseitigen, was ihn – verständlicherweise – zu durchaus abergläubisch gefärbten Fragen und zu ausführlichen Erzählungen seiner Pechsträhne führte. Übrigens ist schon das oft zu hörende Wort *Pechsträhne* eine abergläubische Abkürzung – ähnlich wie etwa die Bezeichnung *Todeskurve*, die folgenreiche Fehler des Straßenbaus und der Verkehrsplanung in den Bereich unerklärlichen Schicksals schiebt. Jedenfalls kann auch ein glattes, helles und gut vermessenes Umfeld, kann auch die kühle Realität zum Ort der Magie werden. Schon vor 150 Jahren merkte Wilhelm Raabe in seinem Roman »*Christoph Pechlin*« an, dass wir uns zwar *dem Kettengerassel und Türklappen, dem Rascheln, Rauschen, Seufzen, Lachen, Stöhnen und Weinen um Mitternacht*, also den in vielen Schauerromanen ausgebreiteten Elementen allmählich gewachsen fühlen, dass wir aber nicht imstande sind, *dem Spuk, der uns am hellen lichten Tage in der belebtesten Gasse, auf dem wimmelnden Markt, im summenden Gerichtssaal oder der federkritzelnden Schreibstube angrinst, die Spitze zu bieten.*

Dass in engen Problemsituationen abergläubische Schritte als Ausweg betrachtet werden, zeigen auch viele Krankengeschichten – nicht die von den Ärzten protokollierten Anamnesen, sondern die Darstellungen des eigenen Umgangs mit Krankheiten. Die Beeinträchtigung durch irgendwelche körperlichen Leiden ist ohnehin ein beliebtes, nicht selten egoman und inflationär benütztes Erzählmotiv. Es kommt immer wieder einmal vor, dass die beiläufige und formelhafte Frage *Wie geht's?* mit einer nicht zu stoppenden Bugwelle medizinischer Erlebnisse beantwortet wird. Und vor allem werden ausführliche Erzählungen dann serviert, wenn verschiedene Diagnosen und unterschiedliche therapeutische Wege zu berichten sind. Dies ist gar nicht so selten; es ist nicht ungewöhnlich, dass eigene Orientierungs- und Heilungsversuche erst nach längerer Zeit aufgegeben werden und der Weg in die ärztliche Behandlung geöffnet wird. Und dies ist keineswegs immer der Schlusspunkt. Wenn Erfolge ausbleiben, folgt oft eine Phase der intensiven Suche im Netz und Aufmerksamkeit für die Ratschläge von Bekannten – und diese können auch Hinweise auf *Heilerinnen* und *Heiler* enthalten. Die gibt es immer noch, manchmal erfahrene Autodidakten, viele aber auch angesiedelt an der Grenze zur Scharlatanerie, sodass auch in diesem viele Menschen betreffenden und plagenden Bereich der Aberglaube einen beachtlichen Rückzugsort hat.

Die schwierige Frage, wie der religiöse Glaube einzuschätzen und zu bewerten ist, kann in knapper Form nicht zureichend beantwortet werden; aber das Problem soll auch nicht übergangen werden. Der Soziologe Theodor Geiger schrieb: *Jeder Glaube ist Aber.* Diese denkwürdige Formulierung verweist auf die Spannung zwischen der Verbindlichkeit und der fehlenden rationalen Beweisbarkeit vieler Glaubensinhalte. Diese Spannung ist von Anfang an, schon bei der Stiftung von Religionen, vorhanden, und die Entwicklung der Religionen in ihrer langen Geschichte hat zu immer neuen Akzenten der Interpretation und auch zur Anreicherung mit neuen Motiven und Erzählungen geführt, welche die ursprüngliche Botschaft verändern, aber den vollen Glauben der bekennenden Anhänger beanspruchen. Die Religionskritik der Moderne fand ihren wichtigsten Ausdruck in der Entmythologisierung, also dem In-Frage-stellen von Inhalten, die nicht ausreichend bezeugt sind und wissenschaftlich beglaubigte Bedingungen übersteigen. In allen Offenbarungsreligionen betrifft dies nicht nur sekundäre Elemente, sondern die zentrale Botschaft.

Für die Geistlichen als die Verwalter und Verkünder der Botschaft entsteht daraus ein Dilemma. Sie sind einerseits zur Wahrheit und damit der rationalen Kritik verpflichtet, andererseits aber an die als höhere Wahrheit deklarierte religiöse Überlieferung gebunden. Der so angelegten Spannung begegnen sie vielfach, indem sie die biblischen Texte als Erzählungen akzeptieren und auch vermitteln, in besonderen Situationen aber doch den Duktus der variablen Erzählwelt verlassen und in den Modus absoluter Wahrheitsverkündung übergehen. In den christlichen Gottesdiensten werden biblische Geschichten und Episoden vorgetragen und kommentiert als Parabeln, die allgemeine Weisheiten enthalten und mit ihrem lebensklugen und moralischen Gehalt die Verbindung zur heutigen Wirklichkeit herstellen. Die Taten und Äußerungen Jesu sind in diese Funktion einbezogen. Aber in den herausgehobenen Anlässen zur Verkündigung bleibt der Mythos erhalten, und bei der geistlichen Begleitung von Bestattungen wird der Trauergemeinde fast immer die Trostbotschaft mitgegeben, dass Jesus die Verstorbenen im Himmel erwartet.

Das fromme Kirchenpublikum stellt diese Zweigleisigkeit nicht in Frage. Für die ›Gläubigen‹ ist die Prüfung einzelner Glaubensinhalte kein Gebot. Als Zugehörige einer Gemeinschaft bewegen sie sich in einem großen Echoraum emotionaler Bestätigung, gefestigt oft durch gemeinsame karitative Betätigung. Ihre spezifisch religiöse Haltung und Erwartung ist sehr stark geprägt durch die traditionellen Formen und Inhalte der Seelsorge, die im Verlauf der Geschichte nicht starr geblieben sind, sondern neue Akzente aufgenommen haben. Viele Frömmigkeitsformen früherer Epochen sind noch lebendig; in der katholischen Konfession wird dies sichtbar in der Anhänglichkeit an Wallfahrten und andere Formen der Heiligenverehrung. Teilweise werden aber auch Neuerungen aufgenommen. Besonders auffallend und aufschlussreich ist die zeitliche Verlagerung des Schwerpunkts christlicher Glaubenswirklichkeit. Stellt man heute die Frage nach dem wichtigsten christlichen Fest, so dominiert die Antwort: Weihnachten, während die Heilsgeschichte am stärksten auf die Ostertage ausgerichtet ist. Hier ist ja doch mit dem Vollzug der Kreuzigung Christi und dem Wunder der Auferstehung die Begründung und Legitimität des Christentums etabliert.

Man kann für den Aufstieg des Weihnachtsfests praktische Gründe anführen. Für eine Agrargesellschaft boten die winterlichen Tage größeren Raum für die Abkehr von den Arbeitspflichten, was die Ausbildung einer längeren Festzeit begünstigte, die inzwischen mit den auch den Nikolaustag einschließenden Adventswochen beginnt und über den Jahreswechsel weg bis zum Dreikönigstag dauert. Sicher spielt auch eine Rolle, dass in der dunklen und kalten Jahreszeit das

Bedürfnis nach Aufhellung besonders groß war; und man kann auch auf die geschickte Ablösung vorchristlicher Winterfeste verweisen – mit einiger Vorsicht, um den in der ersten Hälfte des 20. Jahrhunderts grassierenden Germanenkult zu meiden. Aber der Hauptgrund für die Akzentverschiebung dürfte gewesen sein, dass die für die christliche Tradition bedeutsamen Ereignisse dieser Jahreszeit näher an unsere Erfahrungswelt heranrücken und durch weltliche Impulse und Vorstellungen belebt werden können. Die Geburt Christi in einem Stall ist zwar auch nicht präzise belegt, und es gibt rührende Anstrengungen, den tatsächlichen Ort zu bestimmen und die ganze Situation mit der Volkszählung und den dadurch erforderlichen Wanderungen aufzuschlüsseln. Aber entscheidend ist, dass die Bilder eines armen Paars und die Schilderung der Geburtsschwierigkeiten noch in der Gegenwart verständlich und nicht schlechterdings exotisch sind. Ein klares Zeichen dafür sind die Krippen, die von den Kirchen auch in Geschäfte und in den häuslichen Rahmen gewandert sind und hier vielfach zu Krippenlandschaften ausgebaut werden. In diese sind manchmal Miniaturen örtlicher Bauten und Anlagen integriert, und es werden sogar lokale Persönlichkeiten als Modelle den traditionellen Krippenfiguren beigesellt. Die bis ins 20. Jahrhundert hinein lebendige konfessionelle Konkurrenz: katholische Krippe und protestantischer Christbaum spielt fast keine Rolle mehr.

Das in der *Heiligen Schrift* geschilderte Weihnachtsgeschehen nimmt bei den biblischen Geschichten einen großen Raum ein – was bedeutet, dass dies auch ein Schwerpunkt bei den Erzählungen ist. *Biblische Geschichten* wurden immer wieder in Sammelbänden gedruckt; eine besonders eindrucksvolle Auswahl in ebenso schlichter wie schöner Erzählweise stammt von Johann Peter Hebel. Aber auch in kleineren, in Kirchen ausgelegten Broschüren wurden sie unter die Leute gebracht. Und die Geschichten wurden auch mündlich weitergegeben, mit einem Hauptakzent auf den weihnachtlichen Themen, die vor allem in der Kindererzählung eine große Rolle spielten und spielen. Auch wo das Erzählen nicht eigens gepflegt wird, suchen Eltern den Kindern doch zu vermitteln, warum das Weihnachtsfest entstanden ist, und auch diese Erzählungen werden vielfach ausgeschmückt und belebt mit Annäherungen an die Gegenwart. Erzählanlässe ergeben sich aber auch daraus, dass Geschichten aus der Bibel Stichworte in der Alltagssprache hinterlassen haben, die man verstehen muss. David und Goliath – siegreicher Kampf eines Kleinen gegen einen Riesen, das prägt sich schnell ein. Aber das weckt auch die Neugier, und die Geschichte im Alten Testament, gereinigt von den komplizierten und ermüdenden Stammbaumverzweigungen, ist eine farbige Abenteuergeschichte. Anmerken sollte man hier wohl, dass das Wort *Kindererzählung* auch die Umkehr der Rollen abdeckt. Auch Kinder erzählen ja viel und gerne, und im Fall von David und Goliath liegt es heute durchaus nahe, dass sie sich bei Wikipedia bedient haben und den nicht gerade bibelfesten Eltern die Geschichte ins Gedächtnis rufen.

Die Beispiele zeigen, wie stark unsere Kultur von christlichen Traditionen und Wertvorstellungen bestimmt ist – kein Wunder, wenn man die Jahrhunderte lange institutionelle Durchwirkung der Gesellschaft bedenkt: vom umfassenden Einfluss in den Bildungseinrichtungen über die Auswahl des politischen Führungspersonals bis zu beherrschenden Funktionen im Ausbau der Wirtschaft. Es gibt auch Fälle, in denen der religiöse Glaube ans Unglaubliche zu irrigen Ideen und Handlungen großer Bevölkerungsgruppen führte. Im Mittelalter waren religiös begründete Vorstellungen vom bevorstehenden Weltende nicht selten, verschwanden aber auch in der Neuzeit nicht ganz. Im zweiten Jahrzehnt des 19. Jahrhunderts bewirkte der Ausbruch eines Vulkans fern in Asien den fast totalen Ausfall der Ernte und damit eine Hungersnot auch in Europa. Damals brachen viele Menschen aus dem deutschen Südwesten auf in fremde Länder im Südosten, um der größten Not zu entkommen, aber auch weil sie dort die Wiederkunft Christi erwarteten, da evangelische Theologen für die nahe Zukunft den Weltuntergang angekündigt hatten. Vergleichbare Absetzbewegungen von Endzeitsekten gab es in jener Zeit auch nach Amerika, und selbst in der Gegenwart tauchen manchmal entsprechende Prophezeiungen auf. Der Schlager *Am 30. Mai ist der Weltuntergang* ist eine ironische Distanzierung, die ursprünglich Bezug nahm auf den 30. Mai 1942, als sich die englische Luftwaffe bei der Bombardierung der Stadt Köln erstmals nicht auf militärische Ziele beschränkte; aber es blieb die Antwort auf eine zeitweilig verbreitete diffuse Untergangsstimmung.

Fragwürdige Visionen bedrohlicher Zukunft brauchen nicht den christlichen Anstoß; sie formieren sich in weiten Teilen der Gesellschaft und berufen sich meist auf angebliche oder wirkliche wissenschaftliche Erkenntnisse. Generell sind Hypothesen über die künftigen Strukturen der Gesellschaft und die kommenden Lebensverhältnisse sehr gefragt. Das gilt für Konstruktionen, die vorsichtig gesicherte Daten aus der Gegenwart fortschreiben, aber auch für fragwürdige

Prophezeiungen, die relativ beliebige Wunsch- und Schreckbilder ausmalen und sich dabei auf Horoskope und andere zweifelhafte Begründungen berufen. Das Unglaubliche tritt aber nicht nur in global ausgerichteten Vorstellungen auf, sondern auch im Rahmen konkreter geschichtlicher Konstellationen. Die reale historische Entwicklung ist begleitet von einer reichhaltigen Geschichte der Gerüchte, die manchmal dramatische Ausmaße annahmen.

Als Beispiel kann der sogenannte *Franzosenlärm* angeführt werden, der zwischen dem 22. und dem 26. März 1848 Angst und Unruhen in weite Teile Süddeutschlands brachte – von Baden nach Osten bis zu einem ganzen Stück ins Bayrische hinein. Die unberechenbaren Aktionen und Ereignisse, die schon in der französischen Revolution zur *Grande Peur*, zur großen Angst geführt hatten, lösten auch in der deutschen Revolutionsbewegung Mitte des 19. Jahrhunderts erhebliche Schrecken aus. Es begann damit, dass sich in einigen südbadischen Grenzorten die Information durchsetzte, ein kriegerisches Einrücken französischer Truppen und Freischärler stehe unmittelbar bevor. Möglicherweise war dies veranlasst durch einzelne Übergriffe aus dem Elsaß; aber das Ursachenbündel konnte in der Forschung nicht wirklich aufgeschnürt werden. Jedenfalls rückte das Gerücht nach Osten vor, und zwar nicht als generelle und eher abstrakte Bedrohung, sondern als unmittelbare Gefahr: In vielen Orten wurden die Bewohner alarmiert durch die Nachricht, dass in einem direkt in ihrer westlichen Nachbarschaft gelegenen Dorf Häuser von den Eindringlingen in Brand gesetzt wurden – was nicht nur die umstrittene Volksbewaffnung verstärkte, sondern auch zu Schutz- und Fluchtmaßnahmen führte, die oft von den örtlichen Behörden angestoßen wurden. In vielen Städten und Dörfern bilden diese Vorgänge wichtige Teile der archivierten Heimatgeschichte; die Erinnerungen an sie blieben aber auch lange in der lokalen und regionalen Erzähltradition erhalten.

Selbstverständlich hängt die flächendeckende Wirksamkeit solcher Gerüchte mit den eingeschränkten Informationsmöglichkeiten zusammen; man war weitgehend auf das Hörensagen angewiesen, aus dem auch die dünn gesäten Presseorgane einen größeren Teil ihrer Inhalte bezogen. Aber es wäre eine allzu optimistische Sicht, wenn man unterstellte, dass mit dem großzügigen Ausbau der indirekten Kommunikation die Ausbreitung falscher Nachrichten ihr Ende fand. Seit der rasanten Ausbreitung der sogenannten sozialen Medien ist geradezu das Gegenteil der Fall. Es sind insgesamt sehr viel mehr Informationen unterwegs, und sie tragen nicht nur zur präziseren Nuancierung sachgerechter Berichte bei, sondern bieten auch eine Basis für *Fake News*, also für ungesicherte und erfundene Nachrichten. Der ins Globale ausgeweitete Interessenhorizont und die nur schwer entwirrbare Komplexität der Verhältnisse geben einfachen Erklärungen eine Chance gegen die mühsame Aufbereitung der Realität. Dies ist der Ausgangspunkt für Konspirationstheorien, die für schwer durchschaubare negative Entwicklungen einzelne Personen oder Gruppen verantwortlich machen. Antisemitische Aktionen waren und sind vielfach so begründet; aber auch anderen Personengruppen wird Schuld zugeschrieben.

Die jüngste Vergangenheit hat dafür abschreckende Beispiele geliefert. Zu denken ist an die manipulativen Behauptungen, mit denen der US-Präsident Trump seine Entscheidungen begründete und immerhin fast die Hälfte der Wahlberechtigten bei der Stange hielt. Erstaunlich groß ist auch die Reichweite der manchmal abstrusen Einschätzungen zur Entstehung und Verbreitung der Corona-Pandemie. Angesichts der Gegensätze und Unsicherheiten in der wissenschaftlichen Beurteilung und den politischen Entscheidungen war es nicht verwunderlich, dass auch *quer* dazu Überlegungen angestellt wurden; aber sie leugneten oder ignorierten vielfach die gesicherten Daten zugunsten banaler Verschwörungsphantasien. Dass die kapitalistischen Strategien bei den internationalen Anstrengungen zur Bekämpfung der Seuche nicht schlechterdings ausgeschaltet waren, ist sicher richtig; aber propagiert wurde die Vorstellung, dass die virale Erkrankung durch einzelne Personen mit Gewinnabsichten lanciert wurde – ins Blickfeld wurde etwa Bill Gates gerückt, ungeachtet der Tatsache, dass er große Teile seines riesigen Vermögens für humanitäre Zwecke einsetzt. Was als naive oder auch gezielt bösartige Phantasterei zunächst von Wenigen erfunden und geglaubt wurde, gewann über das Internet innerhalb kurzer Zeit viele Anhänger.

Die Erfindung und Weitergabe zurechtgebogener Geschichten in Problembezügen von allgemeiner Bedeutung und großem Gewicht findet eine ziemlich bunte Ergänzung in der Darstellung von seltsamen Erfahrungen, welche die Erzählenden angeblich selbst gemacht oder von glaubwürdigen Personen übernommen haben. Der von US-amerikanischen Folkloristen eingeführte Begriff *Foaf Tale* bietet sich an – die Geschichten werden dem Freund eines Freundes zugeordnet. Der bleibt in der Anonymität, erhält aber über den eigenen Freund den Status der Vertrauenswürdigkeit, sodass die Geschichte als wahr rezipiert werden kann. Unter dieser Voraussetzung wird der Glaube an unglaubliche Geschehnisse aktiviert. Deshalb fand beispielsweise in den 1980er Jahren eine Tramper-Geschichte viele Rezipienten und vor allem unter den Autofahrern auch viele Weitererzähler. Ein geheimnisvoller Anhalter habe, nachdem er auf dem Rücksitz Platz genommen hatte, gleich heftig auf den Fahrer eingeredet und ihn gewarnt vor dem in zwei Jahren bevorstehenden Dritten Weltkrieg. In der Fortsetzung variierte die Erzählung. Als der Fahrer sich umgewandt habe zu dem Fremden, sei dieser verschwunden gewesen aus dem fahrenden Auto, hieß es. Aber auch, dass der Mann den Eindruck vermittelt und schließlich bestätigt habe, er sei der Erzengel Gabriel. Und dazu kamen Hinweise, dass Mitfahrer mit einem Schock ins Krankenhaus eingeliefert wurden und dass Kinder, denen der Unbekannte im Schulbus zugesetzt hatte, nervenkrank wurden.

Es ist kein Zufall, dass diese Geschichte im und ums Auto spielt. Viele solche unglaublichen Erlebnisberichte hängen mit der größeren Mobilität zusammen, die sich in den letzten Jahrzehnten entwickelt hat. Menschen sind unterwegs, entfernen sich aus ihrem vertrauten Umfeld und begegnen neuen Gewohnheiten und Lebensweisen, die für sie ein seltsames Gepräge haben und mit denen sie nur schwer oder gar nicht zurechtkommen. Das fing schon damit an, dass sie mit neuen Speisen konfrontiert waren. Dass man Spaghetti bei uns in den ersten Nachkriegsjahren noch gar nicht kannte, ist inzwischen fast niemand mehr bewusst; und doch kamen die ersten Begegnungen erst spät entweder im Italienurlaub oder in der Gastarbeiterzeit zustande und führten zu lebendigen Schilderungen, wie hilflos und damit komisch manche Leute mit der unbekannten Pastaform umgingen – Leute, die meist zum engeren Kreis von Verwandten und Bekannten gehörten.

Aber es entwickelten sich auch Erzählungen über sehr spezifische Reiseerlebnisse, die entweder einem *friend of a friend* oder auch einfach irgendjemand passiert waren. Dazu gehörte die Geschichte, dass ein wohlhabender Mann mit seiner ganzen Familie nach Spanien in den Urlaub fuhr und dass die alte Großmutter die Hitze nicht vertrug und nach wenigen Tagen starb, was dem Familienvater erhebliche Probleme bereitete. Er scheute die Schwierigkeiten und Kosten einer regelrechten Überführung, packte die Leiche in den Kofferraum und fuhr mit Frau und Kindern heimwärts. Kurz vor der deutschen Grenze übernachtete die Familie in einem Gasthaus, und in dieser Nacht wurde der Wagen samt der toten Großmutter gestohlen. Der Mann, so hieß es, habe sofort ein neues Auto gekauft und sei quer durch Europa auf einer verzweifelten Jagd nach dem gestohlenen Wagen – und nach der Leiche.

Die Geschichte fand, adaptiert an die jeweilige Umgebung und die vorherrschenden touristischen Neigungen, weite und schnelle Verbreitung – wahrscheinlich war die Gesamtzahl der erzählten Versionen größer als die aller reisenden Großmütter. In den Vereinigten Staaten von Amerika waren moderne Erzählungen mit abstrusen Pointen begünstigt durch die langen Verkehrsstrecken und die Vielfalt kultureller Prägungen; dort kam auch die Etikettierung der Geschichten als *Urban Legends* auf, die allerdings verkennt, dass diese auch in ländlichen Regionen zu hören sind und in den Städten nur dichter und schneller auftauchen. Die große Nachfrage im global erweiterten Ferntourismus hat dazu geführt, dass exotisch gefärbte Missverständnisse und unglaubhafte Episoden fast überall gefragt sind, in der mündlichen Erzählwelt wie in literarischen Angeboten. Rolf Wilhelm Brednich hat mit Göttinger Studierenden solche Geschichten gesammelt und in fünf Bänden herausgegeben, deren Titel schon den monströsen und kuriosen Charakter andeuten: »*Die Spinne in der Yucca-Palme*« – »*Die Maus im Jumbo-Jet*« – »*Das Huhn mit dem Gipsbein*« – »*Die Ratte am Strohhalm*« – »*Pinguine in Rückenlage*«. Die Gesamtauflage liegt weit über einer halben Million, und man darf sicher annehmen, dass ein großer Teil der kurzen und inhaltlich pointierten Geschichten vermehrt in den mündlichen Erzählprozess, dem sie entstammten, zurückgekehrt ist.

Diese Geschichten grenzen nur ans Unglaubhafte – schließlich gibt es in unserer unberechenbaren Gegenwart verrückte Konstellationen und Geschehnisse. Und man wird ganz generell fragen müssen, ob der Glaube an Unglaubliches immer total ist. Unsere Vorstellungen sind ja nicht in die Grenzen des fraglos Faktischen eingeschlossen und können von der Überschreitung dieser Grenzen profitieren. Schließlich operiert ein beträchtlicher Teil der erzählenden Literatur nicht nur mit in der realen Welt vorhandenen oder möglichen Bezügen, sondern schafft – vom Kinderbuch bis zu Science Fiction – Welten mit eigenen Bedingungen und Gesetzlichkeiten; und auf diese Phantasiewelten lassen sich Viele ein. Mit dieser Einstellung ist auch in der mündlichen Erzählwelt zu rechnen, auch dort, wo unglaubhafte Informationen übernommen und weitergegeben werden. Goethe hat sich in seinen »*Maximen und Reflexionen*« dazu geäußert: *Der Aberglaube ist die Poesie des Lebens, beide erfinden eingebildete Wesen, und zwischen dem Wirklichen, Handgreiflichen ahnen sie die seltsamsten Beziehungen; Sympathie und Antipathie walten hin und her.* Poesie des Lebens – dies gilt in etwas abgeschwächter Form schon für den Umgang mit trivialen Formen des Aberglaubens. Personen, die an jedem 13. und zumal an jedem Freitag den 13. ängstliche Vorsicht walten lassen, haben sich damit besondere Akzente im Alltag geschaffen; und auch der Autofahrer, der in der Zulassungsstelle um eine 13 auf seinem Nummernschild bettelt, weil es seine Glückszahl ist, *spielt* wohl eher mit dem Aberglauben. Und wenn in Frankreich 13er-Gesellschaften durch die Einladung eines 14. geheilt wurden und der *Quatorzième* zu einem Gelegenheitsberuf wurde, dürfte auch das mehr eine spielerisch gehandhabte Konvention als ein düsterer Aberglaube gewesen sein. Bei Wilhelm Grimm findet sich, wo er altdänische Heldenlieder behandelt, die Wendung vom *schönen Aberglauben*, und diese Perspektive führt nicht nur zur Aufwertung alter Überlieferungen, sondern auch zur Belebung der heimischen Landschaft durch neu erfundene Zuschreibungen – kaum eine alte Burg im Gelände, deren Bild nicht mit historischen Episoden ausgemalt wird: Belagerung durch Feinde und ihre Abwehr, Rückzugsort für die Herrschenden, aber auch für Flüchtlinge, lange Hungerzeiten in der bedrohten Isolation, geheime Gänge und finstere Kerker, Erscheinungen von Gespenstern und ruhelosen Geistern. Teilweise werden dabei geschichtlich bezeugte Spuren aufgenommen und örtliche Flurnamen wie etwa *Galgenberg* als Ausgangspunkt genutzt, aber es gibt auch die stereotype Vorgabe von Motiven. Dazu gehören gruselige Bilder so gut wie mehr oder weniger erbauliche Ausschmückungen, *Schöner Aberglaube* ist gefragt und bildet seit der Romantik, vermittelt durch lokale und regionale Sammlungen, einen starken Rückhalt für das Heimatbewusstsein.

Auch die als *moderne Sagen* bezeichneten Berichte unglaubhafter Erlebnisse sind nicht nur und vermutlich nicht einmal in erster Linie rückstandslos geglaubte Warn- oder Drohgeschichten. Ihr Reiz liegt in ihrem Vermögen der Verfremdung, der Abkehr von gewohnten Erwartungen und Normen. Wird von der hoffnungslosen Suche nach der toten Großmutter erzählt, so schafft die Vorstellung des absurden Geschehens eine Faszination, welche die Frage nach der Wahrheit und der Moral der Geschichte zurück lässt. Wenn erzählt wird, dass in der Schüssel einer Hoteltoilette ein Alligator auftaucht, löst dies Furcht und Ekel, möglicherweise auch Erwägungen über die Tücken der Kanalisation aus; aber der morbide Reiz liegt in der Abweichung von der Normalität, im ungewohnten und schrägen Bild.

Eine andere Geschichte übermittelt das – wirkliche oder erfundene – Erlebnis eines Ehepaars, das mit seinem Hund Urlaub in einem asiatischen Land machte, zunächst den neutralen Komfort des teuren Hotels genoss, dann aber doch der fremden Kultur ohne die für Touristen vorgesehenen Inszenierungen begegnen wollte. Die beiden landeten in einem kleinen Lokal, für das es gewiss in der Sprache der Einheimischen ein Wort gab, das dem deutschen *urig* entspricht. Sie sahen dem Servieren der bestellten Speise entgegen, für die auf der kleinen Karte keine Übersetzung angeboten war, dachten aber auch an ihren Hund, der sich zwar diszipliniert verhielt, aber deutliche Anzeichen von Hunger und Durst aufwies. Sie winkten der Bedienung, zeigten auf ihren Hund und führten eifrig gestikulierend Essbewegungen vor. Der Hund wurde daraufhin von der Bedienung in die Küche mitgenommen. Das Paar war zufrieden und zunächst auch nicht allzu sehr irritiert, als der Hund nicht sofort wieder zurück kam – sie nahmen an, das Küchenpersonal habe mit dem anhänglichen Tier Freundschaft geschlossen. Als sie nach längerem Warten dann doch, wiederum mit Gesten, nach dem Verbleib fragten, kam der Besitzer des Lokals und bat mit besänftigenden Armbewegungen und lächelnd um Geduld. Und mit dem gleichen gewinnenden Lächeln brachte er höchstpersönlich nach einer weiteren Wartezeit den kleinen Hund zurück – auf einer großen Platte, der Braten schön garniert mit buntem Gemüse.

Auch diese Geschichte löst sicher sehr unterschiedliche Reaktionen aus. Mitleid mit dem gutwilligen Paar, naheliegend für Hundefreunde. Am entgegengesetzten Ende Schadenfreude über den Schock für die naiven Ferntouristen. Vielleicht auch ernsthafte Überlegungen zu den Bedingtheiten unbedingter Tabus mit Berücksichtigung der Normen im eigenen Land, wo Fremden ohne Berücksichtigung ihrer Gewohnheiten und Glaubensvorstellungen Schweinebraten angeboten wird. Im Vordergrund stehen aber die kuriosen Bilder eines makabren, das Gewohnte und Gewöhnliche übersteigenden Geschehens. Meldet sich der Verdacht der Rezipienten nicht schon bei den Eingangspassagen, so ist das Auftragen der exotischen Mahlzeit eine überraschende Wendung, eine Pointe – die ganze Geschichte kann dann verstanden werden als Witz.

Nous sommes per Du

Während die unglaublichen Geschichten nicht nur auf sehr unterschiedliche Lebensbereiche ausgreifen, sondern auch in unterschiedlichen Erzählformen vermittelt werden, handelt es sich beim Witz um eine ziemlich klar definierte Erzählgattung: Es geht um Geschichten, die Komik zur Geltung bringen und damit Vergnügen schaffen, das im Allgemeinen Schmunzeln, Lächeln oder Lachen auslöst, also sicht- und hörbar ist. Witze sind weitgehend Fertigprodukte, die abgerufen werden. Wenn jemand sagt, da falle ihm ein Witz ein, leitet das in aller Regel nicht zu einem eigenen kreativen Einfall über, sondern es ist die Öffnung des Zugangs zum Arsenal bereits existierender Witzgeschichten. Gelegentlich wird behauptet, die Akzeptanz werde meist mit der Frage *Kennst Du den...?* abgesichert, was aber schon deshalb nicht stimmt, weil die Beantwortung der Frage ja die Präsentation des Witzes voraussetzt. *Kennst Du den?* ist in Wirklichkeit eine Übergangsformel, die Ankündigung einer bestimmten Erzählform.

Was dann kommt, ist allerdings nicht absehbar. Das gilt hinsichtlich des spezifischen Inhalts, aber auch schon mit

Bezug auf die Länge. Witze sind charakterisiert durch eine Pointe, auf welche die Erzählung zusteuert; aber es kann dauern, bis diese erreicht ist. Das kann am Unvermögen der Erzählenden liegen, aber auch an ihrem Geschick, die Spannung zu steigern. Dies kann schief gehen, wenn eins von den Zuhörenden die ihm bekannte Pointe laut vorwegnimmt. Und dass auch die gemeinsame Darbietung scheitern kann, hat Kurt Tucholsky unter dem Titel »*Ein Ehepaar erzählt einen Witz*« gezeigt: Die Partner sind nicht einig über die Pointe, was dazu führt, dass diese vorzeitig diskutiert und damit verraten wird.

Den – gewollt oder ungewollt – in die Länge gezogenen Witzen stehen extreme Kurzfassungen gegenüber, die nicht das Erzählte auf den Punkt bringen, sondern die nur aus diesem Punkt, aus der Pointe bestehen. Man kann darüber streiten, ob es gerechtfertigt ist, eine im Gespräch angebrachte ironische Bemerkung dem Witz gleichzustellen; aber die Funktion ist die gleiche: Auflockerung des Gesprächs und Durchbrechen der Gesprächsroutine. Der Schweizer Autor Robert Walser merkt in seinem Monolog »*Der Einsame*« an: *Der Reiz des Sprechens geht leicht im Gespräch verloren* – eine Feststellung, die diverse Assoziationen erlaubt, die aber doch wohl auf die Routinisierung, auf den Automatismus in Gesprächen zielt. Zwei Menschen stehen im Regen, der eine sagt: *Mein Gott, wie das heute regnet!* Und der andere erwidert: *Kein Wunder bei dem Wetter!* Vermutlich ist das ein Beitrag friedlicher Übereinstimmung; aber es könnte auch Kritik an der Allerweltsäußerung sein. Deutlicher wird diese Konfrontation, wo die Routine nicht sachgerecht ist. *Na, wie geht's uns denn heute?* fragt ein Chefarzt bei der Visite und steht schon am nächsten Bett, schreckt aber doch wohl auf, wenn die Antwort kommt: *Uns geht's heute schlecht!*

Ironische Umkehrungen und Verfremdungen verfehlen aber mitunter die beabsichtigte Wirkung. Wenn jemand einen Witz nicht versteht, hat er eben Pech gehabt. Wenn dagegen eine ins Gespräch eingestreute ironische Bemerkung ernst genommen wird, kann dies peinliche Folgen haben. Als Musterbeispiel dafür gilt immer noch der vor 50 Jahren auf Plakaten verbreitete Wahlslogan von Klaus Staeck: *Deutsche Arbeiter! Die SPD will Euch Eure Villen im Tessin wegnehmen!* Er hat die SPD wahrscheinlich Stimmen gekostet. Als prophylaktische Heilmittel werden oft *Ironiesignale* angepriesen wie das Zuzwinkern – aber solche Signale schwächen den ironischen Effekt und sind wohl nur gegenüber Kindern angebracht, die allzu leicht mit ironischen Bemerkungen überfordert werden.

Es gibt Situationen, in denen ein Witz ähnlich eingesetzt werden kann wie eine ironische Bemerkung, weil seine Pointe einen Akzent setzt im Rahmen einer Diskussion; aber Witze sind nicht auf diese Funktion angewiesen – es sind vielmehr frei verfügbare Erzählungen, die der Unterhaltung dienen. Mitunter passt ihr Inhalt zu den gerade gegebenen Umständen; schon möglich, dass ein Kind im Zoo seinem Vater die Frage stellt, warum die Giraffen so lange Hälse haben. Aber das muss nicht der Ort der Handlung sein; auch daheim auf dem Sofa funktioniert der kleine Dialog, in dem der Vater komplizierte biologische Überlegungen anstellt, bis er mit der triumphierenden Antwort unterbrochen wird: *Weil der Kopf so weit oben ist!* Ein Tierwitz also im Wohnzimmer, und umgekehrt gilt natürlich auch, dass im Angesicht zahlreicher

Zootiere auch ein politischer oder ein technisch orientierter Witz erzählt werden kann. Witze verletzen vielfach Tabus. Manchmal ist es ihre Funktion, die Routinen banaler Kommunikation rücksichtslos zu durchbrechen oder auch Sprachlosigkeit zu überwinden. Der US-amerikanische Anthropologe Elliott Oring hat dies mit einem drastischen Beispiel gezeigt. Die Challenger-Katastrophe, die sieben Astronauten den Tod brachte, war ein Schock, der einen Zustand hilflosen Schweigens begünstigte; aber noch im näheren zeitlichen Umkreis des Unglücks kamen provokante Witze auf:

What does NASA stand for? – Need Another Seven Astronauts.

Why do they drink Coke at NASA? – They can't get seven-up.

Where are the astronauts spending their vacation? – All over Florida.

What was the last thing to go through Christa McAuliffe's mind? – Her ass.

What were her last words to her husband? – You feed the kids, I'll feed the fish.

Diese Witze operieren mit Zweideutigkeiten; die Fragen klingen normal und fast harmlos, aber die Antworten sind gleichzeitig witzig und brutal. Mir machen diese destruktiven Direktheiten zu schaffen, und wahrscheinlich habe ich mich deshalb mit der englischen Zitierweise etwas distanziert. Aber ich kann mich der Argumentation Orings nicht verschließen, dass *situations of unspeakability* durch derartige Witze für den Diskurs zugänglich werden und dass damit zur Sprache kommt, was in den bombastischen Medienberichten kaum auftauchte, obwohl es die eigentliche Tragödie ausmacht.

Die Thematisierungsfunktion des Witzes, also das Zur-Sprache-bringen eines Themas, lässt sich auch mit anderen Beispielen belegen. Eine Zeitlang waren *Aids*-Witze vor allem bei jüngeren Leuten im Umlauf, und zwar bevor die Krankheit öffentlich diskutiert wurde. Sie spielten auf sexuelle Szenen an oder machten mögliche Folgen bewusst: *Was heißt Aids? – Ab in den Sarg!* Auch hier war die Brutalität und Geschmacklosigkeit ein provokatives Element, das einerseits als Warnsignal diente, andererseits auch zu dem modisch gewordenen *Schwarzen Humor* gehörte, der die ernsthaftesten Dinge spielerisch ins Lachhafte zieht: *Mami, darf ich mit Großmutter spielen? – Nein, der Sarg bleibt zu.*

Witze können in Alltagssituationen integriert werden, auch wenn sie von Dingen erzählen, die keineswegs alltäglich sind. In der Zeit des Kalten Kriegs zwischen dem Ostblock und westlichen Nationen wurde vom Besuch eines Amerikaners in Moskau erzählt. Sein russischer Gastgeber begleitet ihn zum Bahnhof und gibt ihm Einblicke in das Verkehrswesen: *Von diesem Bahnsteig fährt alle fünf Minuten ein Zug nach Smolensk, von dem dort alle zehn Minuten ein Zug nach Woronesch, von dort fährt alle 15 Minuten ein Zug nach Leningrad und alle 20 Minuten ein Zug nach Swerdlowsk …* Der Amerikaner hört eine Zeitlang höflich zu, aber dann unterbricht er: *Hören Sie, jetzt stehen wir schon fast eine Viertelstunde hier, und es ist noch kein einziger Zug gefahren.* Darauf der Russe: *Und Ihr quält Neger!* – Die Struktur dieses Witzes entspricht der einer Alltagskontroverse, die nicht ganz selten ist. Nehmen wir an, ein Mann sucht lange einen wichtigen Brief, den seine Frau schließlich aus ihrem Schreibtisch angelt. Der Mann schüttelt den Kopf und drückt seinen Vorwurf auch in Worten aus, worauf die Frau ihn daran erinnert, dass er schon zweimal seine Tochter zu spät von der Kita abgeholt hat. Darauf er: *Und Ihr quält Neger!* – was die Frau versteht, weil es zur festen – und letztlich versöhnlichen – familiären Formel geworden ist.

Dieser alltägliche Vorgang ist bezeugt und darf von mir ohne Quellenangabe verwendet werden. Dass die Geschichte nicht mehr ganz zur gegenwärtigen politischen Lage passt, rückt sie nicht völlig ins Abseits – sie dient, wie auch viele Anekdoten aus ferneren Jahrhunderten, primär der Komik und nicht der Historie. Das schließt nicht aus, dass von den in einer bestimmten Phase verbreiteten Witzen auf Tatsachen und Stimmungen geschlossen werden kann. Wenn in der NS-Zeit erzählt wurde, Väter dürften jetzt vom vierten Kind an den Hosenladen offen tragen, dann streifte das nicht nur ein sexuelles Tabu, sondern charakterisierte als Anspielung auf die Ehrungen mit dem ›Mutterkreuz‹ indirekt den Versuch, die Bevölkerung mit Orden und anderen Auszeichnungen auf Linie zu bringen. Und es war ein Hinweis auf die Notlage und ihre Verbrämung, als in der DDR die Frage nach der heiligsten Stadt die Antwort fand: *Leipzig – zweimal Messe im Jahr, und dazwischen Fastenzeit.* Für DDR-Witze gab es übrigens eine seltsame Sammelaktion: Der westdeutsche Bundesnachrichtendienst suchte damit in einer streng geheimen Operation zwölf Jahre lang vor dem Mauerfall die Lage und die Einstellung der Bevölkerung in Ostdeutschland zu erkunden. Über den politischen

Ertrag der Aktion ist nichts bekannt geworden; er dürfte aber das allgemeine Wissen über die DDR kaum überstiegen haben.

Manche Witze bleiben dicht an der Realität und treiben ihr ironisches Spiel mit tatsächlichen Konstellationen. Unmittelbar nach dem Fall der Mauer zwischen BRD und DDR beherrschten für kurze Zeit *Trabi-Witze* das Feld. Ansätze dazu hatte es schon vorher in der DDR gegeben, wo der kleine PKW *Trabant* heiß begehrt war, aber natürlich auch an den vielen Modellen des Westens gemessen wurde. Nach der Grenzöffnung war das Auto kurze Zeit ein modisches Requisit im Westen; gleichzeitig wurden aber die Schwächen des ostdeutschen Trabant übertreibend verspottet: *Ein Fahrer kommt in eine westdeutsche Werkstatt und erklärt: Ich möchte gern neue Scheibenwischer für meinen Trabi.* Der Mechaniker nickt zustimmend und sagt: *Da machen Sie aber einen guten Tausch!* Diese Witze zielten nicht unbedingt auf politische Deklassierung; es waren eher Versuche der Eingemeindung des kleinen Trabi und seiner Fahrer. Über den westlichen *Manta* waren ähnliche Geschichten im Umlauf – es ging einfach darum, wirkliche Gegebenheiten ins Licht der Komik zu rücken.

Die meisten Witze bewegen sich um reale Zustände und Geschehnisse, aber es sind ganz überwiegend erfundene Geschichten, in denen erfundene Personen in den Mittelpunkt gerückt werden – vielfach Personen, die schwer von Begriff sind und mit ihren Fehlleistungen ungewollt witzige Pointen produzieren. Dabei gibt es Zuweisungen an Gruppen, die für einige Zeit die Witzmode bestimmen. Dies galt beispielsweise für die *Blondinenwitze* und die *Ostfriesenwit-*

ze. Die Witz-Blondinen kamen wahrscheinlich zu der zweifelhaften Ehre, weil die künstliche Blondierung – vor allem in den USA – von naiven Frauen und Mädchen als sicheres Schönheitsmittel betrachtet wurde. Im Witz sind es oft Büroangestellte; sie sind stundenlang mit einem Blatt Papier beschäftigt, das auf der Vorder- wie auf der Rückseite den Vermerk *Bitte wenden!* trägt. Die Ostfriesen verdanken ihre komische Spitzenposition wohl ausschließlich der abgelegenen und nicht sehr urbanen Wohnlage, die zur Unterstellung geistiger und lebenspraktischer Rückständigkeit führte: *Woran erkennt man in einem Büro, dass dort ein Ostfriese tätig ist? Am Tipp-Ex auf dem Bildschirm.*

Anders als beim Märchen gibt es keine organisierten Witzkreise oder Witzgesellschaften. Der medizinische Nachweis, dass Lachen gesund ist, hat zwar therapeutische Veranstaltungen hervorgerufen, in denen alles eingesetzt wird, was Lachen erregt, von Clownerien bis zu witzigen Geschichten, und in den Medien gab es »*Gaudimax*« und andere Sendungen, in denen Witze im Wettbewerb vorgetragen und nach der Phonstärke des Gelächters platziert wurden. Aber einfache Witzrunden entstehen eher zufällig – einer oder eine erzählt einen Witz, der ansteckend wirkt; es folgen andere, und für diese Fortsetzung sind Gruppierungen wie die Ostfriesenwitze wegen ihres seriellen Charakters besonders geeignet – Witze als spielerische Unterhaltung. Als Beitrag zur regionalen Charakteristik werden oder wurden die Ostfriesenwitze dagegen nicht betrachtet.

Allerdings verschwinden die realen Bezüge und kritischen Perspektiven nicht grundsätzlich hinter den witzigen Pointen. In fast allen deutschen Regionen kennt man Witze, die Eigenheiten der Bevölkerung herausstellen – nicht immer überzeugend und oft mit Anleihen aus anderen Gegenden, manchmal aber auch ziemlich zielsicher. Mit Beispielen aus dem deutschen Südwesten lässt sich das belegen. 1952 wurden die früheren Länder Baden, Württemberg und Hohenzollern vereinigt in einem komplizierten und auch nicht ganz astreinen Verfahren. Damals kamen im südlichen Baden, wo Viele gegen die Vereinigung waren, die *Schwabenwitze* auf, und sie werden noch immer erzählt – nicht mehr primär zur Abfuhr von Aggressionsgefühlen, sondern als spielerische Auseinandersetzung und aus Freude an geistreichen Pointierungen. Plumpe Attacken – *Warum haben so viele Schwaben einen Mittelscheitel? Damit man die Axt besser ansetzen kann!* – sind verschwunden; aber es gibt Erzählungen, die auf charmante Weise schwäbische Eigenheiten bloßstellen, vor allem die an Geiz grenzende Sparsamkeit, die nicht nur durch die ungünstigen Agrarbedingungen, sondern auch durch pietistisch überformte Moralgebote zustande kam.

Im Witz sieht das so aus: Am badischen Bodenseeufer fällt der kleine Sohn eines Stuttgarter Touristenpaars ins tiefe Wasser. Ein Einheimischer zieht ihn heraus, und der Junge rennt zu den Eltern. Nach kurzer Zeit erscheint der Vater und fragt den badischen Retter, ob er es war, der den Jungen aus dem Wasser geholt hat. *Ja*, sagt der, ohne weiteren Kommentar, und darauf der Vater: *Ond wo isch sei Kapp* – Und wo ist seine Mütze? – Noch greller wird das schwäbische Manko in der folgenden Geschichte dargestellt. Ein Badener kommt in Freiburg in eine Wirtschaft, in der alle Tische besetzt sind, aber an einem kleinen Zweiertisch sitzt nur eine Person, ein Schwabe, der auf die Frage, ob hier noch frei ist, nicht reagiert, und ebenso wenig auf das übliche *Guten Appetit!*, nachdem das Essen aufgetragen ist. Eine Frau betritt das Lokal mit einer Sammelbüchse und spricht den freundlich blickenden Badener an: Sie sammle für die Caritas. Der Badener zückt den Geldbeutel und schiebt einen Fünf-Euro-Schein in die Büchse. Die Frau bedankt sich und wendet sich an den Schwaben, der schnell reagiert – er zeigt auf sein Gegenüber und sagt: *Mir ghöret zsamma* – Wir gehören zusammen. Eine hintergründige Pointe, denn dank der Vereinigung von Baden und Württemberg gehören ja wirklich beide zusammen.

Oft wird die besondere Prägung eines Landstrichs oder auch einer Stadt über einzelne Personen vermittelt – manchmal reale Personen, die schon zu Lebzeiten durch ihre Schlagfertigkeit oder auch durch schlaue Streiche aufgefallen waren, häufiger aber durch erfundene Typen, die entweder mit überlegenem Witz oder aber mit krasser Naivität ausgestattet wurden. Bekannt sind beispielsweise die Kölner Originale Tünnes und Schäl oder auch Graf Bobby, dessen Wiener Prägung nicht nur den österreichischen Landsleuten Spaß macht. In Witze aufgenommen wurden auch viele hochgestellte Persönlichkeiten, deren Autorität öffentlich nicht angefochten, aber im Witz in Frage gestellt wurde. Die Auswirkung der *Fallhöhe*, die als Steigerung in der Tragödie herausgestellt wurde, lässt sich auch im Bereich der Komik beobachten – der dumme Ausspruch eines Regierenden wiegt schwerer als der eines einfachen Bürgers. Törichte Bemerkungen von Herrschern und Herrscherinnen sind die hauptsächlichen Bestandteile des kritischen Witzes der Untertanen; und man wird anmerken dürfen, dass diese in monarchischen Zeiten leicht zu finden waren, weil die regierenden Häupter ja keiner kritischen Prüfung ausgesetzt waren und außerdem, aus Altersgründen oder auch als Folge der inzüchtigen Heiratsverbindungen, nicht selten erhebliche geistige Defizite aufwiesen.

In Demokratien sind, solange sie nicht autoritären Alleinherrschern ausgeliefert werden, andere Voraussetzungen gegeben. Aber Fehlleitungen und Fehlleistungen sind auch hier nicht auszuschließen, und die Fallhöhe ist zwar geringer, aber noch wirksam genug. Einschlägige Witzerzählungen sind jedoch seltener. Das könnte damit zusammenhängen, dass komische Äußerungen und Situationen relativ schnell und umfassend über die Medien kommuniziert werden, und zwar überwiegend in oder mit Bildern. Die Vermittlung durch Bilder hat kontinuierlich zugenommen. Wenn ein Regierungsmitglied bei einer schiefen Aussage ertappt wird, erscheint diese rasch in kabarettistischen Angeboten, und zwar im bildlich und akustisch festgehaltenen Original; und ergänzend präsentieren Karikaturisten ihre Varianten. Wer im Netz nach Witzen über einzelne Politiker sucht, wird reichlich bedient – aber fast ausschließlich mit Karikaturen, die auch in Buchpublikationen wandern.

Ein weiterer Grund für den Rückgang könnte der vorherrschende nüchterne Politikstil sein. Geradezu exemplarisch stand dafür Angela Merkel, die wohl nicht bestreiten dürfte, dass ihr Irrtümer unterlaufen sind, die aber kaum einmal mit pathetischen Äußerungen an die Öffentlichkeit ging und selbst die folgenreiche Parole *Wir schaffen das!* nicht als weltgeschichtliche Mission, sondern als moralische Selbstverständlichkeit vorgetragen hat. Wo die Überzeugung von Unfehlbarkeit anklingt und Sendungsbewusstsein zum

Ausdruck kommt, liegt die Korrektur durch die Witzperspektive nahe. Von Willy Brandt wurde erzählt, er habe sich bei einem Israelbesuch eine schwere Erkältung zugezogen, weil er versucht habe, über das Rote Meer zu wandeln; und später wurde die gleiche erfundene kleine Geschichte über Gerhard Schröder erzählt. In beiden Fällen war es Kritik, aber gleichzeitig freundliche Zuwendung.

Allerdings kann man darüber streiten, ob der Witz angemessen war oder nicht. Die Frage der Angemessenheit, des Passenden ist beim Umgang mit Witzen besonders wichtig. Dies gilt zunächst für den Erzählvorgang, die Rücksicht auf den Adressatenkreis und die Situation. Demonstriert wird dies oft mit dem Beispiel der sogenannten Herrenwitze, die in einem vornehmen Damenkreis nichts verloren haben. Aber dies ist ein allzu zahmes Klischee, da distanzierte Vornehmheit durch grobe Witzgeschichten leicht weggespült wird. Doch es gibt tatsächlich viele und vielerlei Konstellationen, in denen eine Vorentscheidung über die Zulässigkeit witzigen Redens und Erzählens gefordert ist. Und auch hinsichtlich der Art und des Inhalts von Witzen drängt sich die Frage des Passenden auf. Dabei geht es nicht um Tatsachen, um die äußere Wahrheit, ihr ist der Witz nicht verpflichtet; es geht vielmehr darum, ob das Erzählte auf wirkliche Eigenschaften und Eigenheiten zielt – und trifft. Dies ist, wo vom Gang übers Wasser erzählt wird, nur bedingt der Fall: Beide Protagonisten, Brandt und Schröder, nahmen ihr hohes Amt selbstbewusst wahr, kokettierten aber nicht mit ihrer Mission, und dass sie ausgerechnet dem Vorbild biblischer Mythen folgten, ist mit ihrer aufgeklärten Grundhaltung nicht vereinbar.

Ein ›passendes‹ Beispiel ist also nach wie vor gefragt – und schnell gefunden. Allerdings nicht in der etwas ausgedörrten Witzlandschaft der Gegenwart, sondern aus der Zeit vor drei Jahrzehnten – aber unvergessen. Auch hier ein Bundeskanzler, Helmut Kohl, dessen angebliche diplomatische Beziehungspflege geschildert wird. Er war auf ein gutes Verhältnis zu England und der britischen Premierministerin Margaret Thatcher bedacht, und er versuchte – im Witz! – die Freundschaft zu besiegeln, indem er ihr anbot: *You can say you to me!* Und die Geschichte erfährt noch eine Steigerung. Bei einem Empfang wird Kohl – im Witz! – vom französischen Staatspräsidenten François Mitterand nach seinem Verhältnis zu Frau Thatcher gefragt, und er gibt dem Kämpfer für die europäische Integration eine beruhigende Antwort: *Nous sommes per Du.* Der Witz bedarf, wenn man die drei darin gebrauchten Sprachen auch nur flüchtig kennt, keiner umständlichen Erklärung. Aber warum kann diese zweistufige Geschichte als Modell eines *passenden* Witzes betrachtet werden? Helmut Kohl betonte seine regionale Verankerung, und dies war nicht nur berechnende Imagepflege, sondern gewachsene Realität. Sein Lieblingsessen war allgemein bekannt: Pfälzer Saumagen mit Bratkartoffeln und Rahmsauerkraut. Ihn umgab eine Aura von biederer Gemütlichkeit, die sein weit ausgreifendes politisches Handeln nicht direkt behinderte, aber doch oft als Gegenspiel zu seiner großen Aufgabe betrachtet wurde. Er selbst baute auf seine akademische Vergangenheit als Historiker, überschätzte sein Bildungsniveau und versuchte sich bei aller Betonung der heimatlichen Wurzeln auch als Regisseur auf der Weltbühne zu präsentieren. Die Witze, die über ihn erzählt wurden (und es gab viele), schildern meistens gescheiterte Versuche von ihm, auf der Schiene der höheren Bildung zu bleiben; das reicht von der plumpen Behauptung, Kohl habe seine Olympia-Rede auf die Vorlage blickend mit *Null null null...* begonnen, also die olympischen Ringe vorgelesen, bis zu den ausgefeilten Fehlzitaten im internationalen Verkehr.

Gewiss steckt Kritik und Angriffslust in der erfundenen Geschichte vom diplomatischen Parkett. Über das Ausmaß der Aggressivität wird aber mehr als im Text im Kontext entschieden. Der Witz kann als erheiternde Frotzelei erzählt werden, aber auch als sarkastischer Hinweis auf ein persönliches Manko. Es kommt also nicht nur darauf an, wieviel Demontagepotenzial in der Geschichte steckt, sondern auch darauf, bei welcher Gelegenheit, in welchem Ton und vor welchen Zuhörerinnen und Zuhörern der Witz erzählt wird. Wer ihn eindeutig als Beitrag zum Sturz des Kanzlers Kohl versteht, greift zu kurz und verlässt gewissermaßen das Hoheitsgebiet des Komischen, in dem zwar reale Gegensätze und Auseinandersetzungen einen Platz haben, dessen Prinzipien aber die konkreten Spuren des Lächerlichen übersteigen.

Vor mehr als 300 Jahren entwickelte der Universalgelehrte Gottfried Wilhelm Leibniz den Begriff *prästabilierte Harmonie*, bezogen auf das Zusammenspiel von Leib und Seele, im weiteren Sinn aber umfassend auf die Gesetzlichkeiten unserer Welt – verwandt mit der späteren Annahme Hegels, dass der Weltgeist den programmierten Gang der Geschichte bestimmt. Diesen optimistischen Weltbildern könnte man im engeren Horizont die *prästabilierte Disharmonie* entgegensetzen, wie sie in den Irrfahrten, den Sprüngen und Missverständnissen der Witze zum Ausdruck kommt. Sie demonstrieren, dass der Versuch, geordnete Verhältnisse, klare Bezüge und nachhaltige Sicherheiten zu schaffen, immer wieder entgleist und in die Widersprüchlichkeiten der Realität entgleitet. Wir bemühen uns, Eindeutigkeiten und damit Verlässlichkeit zu schaffen; aber wir sind mit dieser Anstrengung verloren. Hat das nicht auch Kohl gesagt? Richtig – und jetzt auch richtig geschrieben: *Nous sommes perdus.*

SPRACHE – STARTHILFE UND STILBESTIMMUNG

Der Witz der Sprache

Die vom fiktiven Helmut Kohl produzierten Pointen sind sprachliche Irrtümer. Er trägt Strukturen der eigenen Sprache in die fremden Sprachen hinein und verfehlt damit deren tatsächlichen Bauplan. In seinem englischer Satz *You can say you to me* übersieht er zudem, dass der Gebrauch unterschiedlicher Personalpronomina für Du und Sie im Englischen nicht mehr existiert, was auch bewirkt, dass die französische Feststellung *Nous sommes per Du* unsinnig – und gleichzeitig hintersinnig – ist. Fehler beim Umgang mit fremden Sprachen ergeben manchmal witzige Kollisionen, weisen jedoch kaum einmal eine so raffiniert angelegte Mehrschichtigkeit auf wie die erfundenen Gipfelgespräche Kohls. Aber auch einfachere Entgleisungen oder Missverständnisse sind mitunter vergnüglich. Johann Peter Hebel hat in seine *Kalendergeschichten* Stücke aufgenommen, die als mündliche Erzählungen im Umlauf waren, und umgekehrt sind die von ihm ausgedachten vielfach ins mündliche Erzählgut übergegangen. Bei ihm findet sich die Anekdote, nach der ein Franzose der deutschen Schildwache im Vorbeigehen ein spöttisches *Fi-*

lou! Filou! zurief und die seltsame Antwort *Halb viere!* bekam, weil der Deutsche *Wieviel Uhr?* verstanden hatte. Diese Antwort ist nicht eindeutig falsch; indem sie dem Spott mit Freundschaft begegnet, vertritt sie gewissermaßen eine höhere Wahrheit.

Besonders beliebt und verbreitet sind (oder waren?) Witze, in denen lateinische Formeln der Liturgie falsch verstanden oder interpretiert werden. In vielen Fällen sind sie recht simpel konstruiert – etwa wenn der Gruß des Priesters *Dominus vobiscum* – Der Herr sei mit Euch – von einem Dominik unter den Gläubigen als Dominik, wo bist Du? verstanden und mit einem lauten Hier! beantwortet wird. Die Dativform deo und die Bestimmung theo öffnen die Tür zu mannigfachen weltlichen Assoziationen; der Komiker Otto Waalkes parodierte eine Predigt, indem er die Hintergründe des modischen Songs *Theo, wir fahr'n nach Lodz* erklärte und dabei Theologie, Theorie und – Theodorant ins Spiel brachte. Manchmal wird der geistliche Anspruch nicht nur banalen weltlichen Begriffen gegenübergestellt, sondern in dieser Konfrontation kommen auch spezifischere Probleme zum Ausdruck. In Bayern lässt eine allein lebende vornehme Dame ihr Schlafzimmer renovieren und bittet den Maler, über ihrem Bett die fromme Inschrift *Cum deo* anzubringen. Als die Arbeit abgeschlossen ist, liest sie: *Kumm, Theo* – das ist nicht nur ein harmloses Missverständnis des biederen Malermeisters, sondern bringt indirekt das ungeklärte und auch belastete Verhältnis der Kirchen zur Sexualität ins Spiel.

Jean Paul sah im Witz den verkleideten Priester, der jedes Paar traut, und der Philosoph Friedrich Theodor Vischer fügte hinzu: *die Paare am liebsten, deren Verbindung die Ver-*

wandten nicht dulden wollen. Weniger poetisch ausgedrückt: Im Witz stoßen zwei Normbereiche, man kann sogar sagen: zwei Welten zusammen. Je größer die Distanz zwischen den beiden Bereichen ist, desto gewichtiger ist der Witz und desto spitzer sind seine Pointen. Insofern garantiert die Konfrontation religiöser Vorschriften mit den allzu menschlichen Abweichungen davon einen sicheren komischen Effekt. An einem weiteren Beispiel demonstriert, das ich einer schon vor knapp 70 Jahren erschienenen Nummer des *»Simplicissimus«* entnehme, das aber nach wie vor auch zum mündlich verbreiteten Erzählgut gehört: In einem bayerischen Ort muss ein junger Lehrer in einer 8. Mädchenklasse für einen erkrankten Kollegen aushelfen. Um mit den Schülerinnen etwas vertraut zu werden, fragt er sie zu Beginn der ersten Unterrichtsstunde nach ihren Berufswünschen. Vom Mannequin bis zur Dolmetscherin ist schon alles da, als eine, der man bei weitem ihre 14 Jahre nicht mehr ansieht, erklärt, sie wolle Prostituierte werden. Dem jungen Lehrer stürzen krachend alle Ideale ein. Er ringt nach Luft und fragt entsetzt, wie sie auf diesen fürchterlichen Gedanken komme? Ach, meint sie lässig, die Mutter sei es auch, und außerdem sei es ein einträglicher Beruf, bei dem man nicht viel lernen müsse. Der Lehrer stürzt ins Rektorat und stammelt: *»Herr Rektor, stellen Sie sich vor, in der 8. Mädchenklasse will eine Pro... Pro... – nein, ich bringe dieses Wort nicht über meine Lippen!«* Der Rektor, schon etwas ungeduldig: *»Aber bitte, sprechen Sie es ruhig aus, ich bin auf das Schlimmste gefasst.«* Der Lehrer, ganz gebrochen: *»Sie will – Prostituierte werden!«* Der Rektor sinkt erleichtert auf einen Stuhl und murmelt: *»Gott sei Dank! Ich dachte, sie wolle protestantisch werden!«* Die Pointe hängt wieder an einem sprachlichen Missverständnis, ausgelöst allerdings nur durch eine Vorsilbe.

Die fehlerhafte Gleichsetzung von Wort oder Satz einer fremden Sprache mit Ähnlichem in der eigenen ist nicht auf internationale Kommunikation beschränkt. Wer ganz überwiegend im Dialekt zuhause ist, kann an der Standardsprache wie an einer Fremdsprache scheitern. Einem Sachsen wird die Frage vorgelegt, was der Unterschied zwischen Römern und Griechen ist. Er muss passen, und die Erklärung folgt: Aus Römern kann man trinken, aus Griechen nicht – ein Spiel mit dem Doppelsinn des Wortes Römer. Darauf der Protest: *Aber warum soll man denn aus Griechen nich dringgen gönnen?* – im sächsischen Dialekt wird zwischen Griechen und Krügen nicht unterschieden. Zweites Beispiel, ohne Ortsveränderung: Ein junger Mann, einbestellt auf ein Amt, muss dort zuerst seine Personalien angeben. Vorname? fragt die Sachbearbeiterin. Korrekte Antwort: Dankwart. Doch sie löst den vorwurfsvollen Hinweis aus: Vorname bitte! Ich habe nicht nach dem Beruf gefragt. Die komischen Wendungen, die sich aus dem Zusammenstoß von Mundart und Hochsprache ergeben können, sind großenteils wohl erfunden und sollen den Eigenwert des Dialekts betonen; aber ob etwas tatsächlich passiert ist und wirklich gesagt wurde gesagt wurde, ist kein Kriterium für den Witz.

Man braucht für die Entstehung oder Konstruktion von Witzen auch nicht unbedingt zwei verschiedene Sprachen. Es gibt viele Wörter und Wendungen in der eigenen Sprache, die nicht für Alle auf Anhieb verständlich sind und deshalb zweifelhafte Reaktionen auslösen. In den Witzen stand dafür lange besonderes Personal zur Verfügung: Frau Neureich und Herr Raffke, beides Parvenüs, die zu schnellem Reichtum gekommen und ständig darauf bedacht sind, ihr neu gewonnenes Prestige zu demonstrieren. Für sie liegt es nahe, möglichst vornehme Ausdrücke zu wählen, und da passiert es dann, dass ein Fremdwort verwechselt oder falsch eingesetzt wird: Die Tanzstunde der Tochter wird mit einer Mayonnaise eröffnet, und morgens werden im Büro die Direktricen verteilt. Solche sprachlichen Entgleisungen fanden auch Eingang in die Literatur; ein vergnügliches Musterbeispiel ist die Frau Stöhr in Thomas Manns »*Zauberberg*«, die unbeirrt in allerlei Gespräche eingreift und dabei immer wieder zu imponieren sucht mit Fremdwörtern, die sie entweder falsch zitiert oder deren Bedeutung sie verwechselt. Inzwischen sind allerdings die Typen Neureich und Raffke aus dem lebendigen Witzrevier verschwunden – einmal deshalb, weil man sich an Beispiele raschen wirtschaftlichen Aufstiegs gewöhnt hat und die Übereinstimmung von ökonomischem Erfolg und Bildungsniveau nicht mehr voraussetzt, zum andern weil inzwischen alle Menschen der Gefahr ausgesetzt sind, in sprachliche Fallen zu tappen. Das hängt damit zusammen, dass das Sprachmaterial, dem wir begegnen, im Vergleich mit früheren Zeiten unüberschaubar geworden ist, und dies wiederum ist eine Folge davon, dass sich die sachlichen und gedanklichen Realitätsbezüge vervielfacht haben.

Die Witze sind dadurch nicht weniger geworden. Im Gegenteil, widersprüchliche Situationen ergeben sich häufiger, und das freiwillige oder unfreiwillige Spiel mit sprachlichen Missverständnissen ergibt sich leichter als früher. Schon vor mindestens hundert Jahren wurde von einem Dorfbürgermeister erzählt, der von einem übergeordneten Amt die dringliche Anfrage zu einer Person erhielt, die sich strafbar gemacht hatte. Der Auflistung der persönlichen Daten des Beschuldigten vom Geburtstag über den weiteren Lebenslauf bis zur jetzigen Adresse folgte die Frage, ob der Mann, der offenbar lange in der anderen Gemeinde gewohnt habe, identisch sei. Der Bürgermeister bestätigte, dass der Mann in seinem Dorf gelebt habe, und fügte hinzu, ob er identisch sei, wisse er nicht, aber zuzutrauen wäre es ihm. Diese kleine Geschichte schildert, wie in die anders geartete Dorfkommunikation ein Stück Amtssprache einbricht und prompt falsch verstanden wird. In der Folgezeit sind die meisten Menschen dem Begriff des Identischen begegnet, beim oft erforderlichen Nachweis der eigenen Identität oder spätestens bei den vielen Identifikationsbemühungen in Fernsehkrimis. Und doch verkündeten Leute in der Pandemiekrise, in der ständig von der Zahl der Infizierten die Rede war, sie seien gottlob nicht identifiziert.

Die Vorgabe der Sprache für den Witz, ihre ›Starthilfe‹, beschränkt sich keineswegs auf Fremdwörter. Die fruchtbarste Wirkung besteht darin, dass die Sprache zwar gesehen wird als das Medium, das die Dinge und Verhältnisse genau beschreibt und verständlich macht, dass sie aber ihren Wörtern und Sätzen tatsächlich ganz überwiegend einen Spielraum belässt. Wo strikte Sprachregelung herrscht wie in dem von George Orwell in seinem Zukunftsroman »*1984*« vorgeführten New Speak und in Ansätzen auch in real existierenden autoritären politischen Systemen, geht Freiheit verloren. Sprache ist nicht eindeutig, sondern vieldeutig, nicht präzise, sondern prägnant. Der Sprachwissenschaftler Eugenio Coseriu hat dies so ausgedrückt: Man müsse nicht nur die Bedeutung eines Wortes oder einer Wortfolge kennen, sondern auch der Bedeutung der Bedeutung auf die Spur kommen. Dies geschieht über den Kontext, also die sprachliche Einbettung in ein bestimmtes Sinngefüge, aber auch über die Situation, in der etwas zur Sprache kommt. Der US-amerikanische Soziologe Harold Garfinkel hat das gezeigt mit einem Krisenexperiment: Eingeweihte Mitarbeiterinnen nahmen die alltäglichen Routinebemerkungen ihrer Partner wörtlich und nervten sie durch Nachfragen und Präzisierungsversuche – etwa indem sie die resignative Bemerkung *Ich bin völlig kaputt!* erst etwas einkreisen und schließlich mit einem Angebot verschiedener Medikamente quittierten, was den Abbruch der Kommunikation brachte. Sie kann nur flüssig bleiben, wenn die Präzisierungen im Stillen ablaufen und Unschärfen geduldet werden. Robert Musil hat dazu einen schönen Vergleich formuliert: *Sich immer richtig ausdrücken, ist wie Midas' Gold. Es macht wertvoll und ungenießbar, was es erfasst.*

In dieser Bemerkung steckt die Lizenz für den Witz. Die Ungenauigkeit der Sprache und ihre Mehrdeutigkeit ermöglichen komische Effekte. Die Wohltat des Doppelsinns, von der Freud in seinem Essay »*Der Witz und seine Beziehung zum Unbewussten*« spricht, wird schon von Kindern empfunden. Sie stehen vor einer Lampe und bitten den Vater, eine Birne zu holen, und wenn der mit der neuen Glühbirne anrückt, schütteln sie den Kopf und gehen zum Obstkorb. Homonyme, gleichlautende Wörter mit verschiedener Grundbedeutung, können zu Missverständnissen führen – die Bank als Sitzgelegenheit und als Kreditinstitut, der Ball als Spielgerät und als Tanzvergnügen, die Decke des Zimmers und die Decke auf dem Bett. Die Kollisionen können auch spielerisch hergestellt oder eigens konstruiert werden. In meiner Kindheit, lange her, gab es einen Witz, der dürftig, trotzdem aber sehr beliebt war: Ein Mann, der Zietz heißt, meldet sich am Telefon grundsätzlich mit *Hier Zietz*, reichlich genutzte Chance für einen Anruf bei ihm mit der Erwiderung: *Dann machen Sie doch Ihr Fenster zu!*

Aber es sind nicht nur die einheitlichen Benennungen für ganz verschiedene Dinge oder Vorgänge, die als witzige Konstellation genutzt werden können, sondern auch kompliziertere Mehrdeutigkeiten. *Versprechen* gilt einerseits als verbindliche Zusage, andererseits als falscher Zungenschlag – im Eheversprechen trifft manchmal beides zusammen. Ein amüsant-boshaftes Beispiel hat Sigmund Freud von dem Wiener Feuilletonisten Daniel Spitzer übernommen: Im Gespräch über ein auf großem Fuß lebendes Ehepaar fällt die Bemerkung: *Nach der Ansicht der einen soll der Mann viel verdient und sich dabei etwas zurückgelegt haben, nach anderen wieder soll sich die Frau etwas zurückgelegt und dabei viel verdient haben.* Der witzige Drehpunkt ist *sich zurücklegen*, das auf eine Sache bezogen, aber auch reflexiv verstanden werden kann. Die Raffinesse besteht darin, dass die Äußerung auch als Harmlosigkeit aufgenommen werden kann, dass das witzige Verständnis also ganz nahe bei der unproblematischen Auffassung angesiedelt ist. Das gilt auch für einen Dialog im Flugzeug kurz vor der Landung. Ein Geschäftsmann sagt zu seinem Sitznachbarn: *Ich bin einen Tag früher zurückgekommen. Ich werde meine Frau überraschen.* Bis hierhin eine ganz neutrale Feststellung. Aber die kleine Gegenfrage *Mit wem?*, die in der Realität höchst peinlich wäre, schafft einen Witz.

Die Konstituierung von Witzen durch sprachliche Konstellationen und Verschiebungen ist generell eine Höherentwicklung des Komischen. Man sollte allerdings das geistige Niveau früherer Zeiten nicht unterschätzen. Dass in der schöpferischen Kultur der Antike witzige Bemerkungen und vereinzelt auch Witze nachzuweisen sind, ist keine Überraschung. Aber auch in der weniger ausgefeilten Kultur Mitteleuropas gab es im Mittelalter witzige Ansätze, sehr deutlich etwa in der Haltung Till Eulenspiegels, der seine Mitmenschen ärgerte, indem er metaphorische Redewendungen wörtlich nahm und beispielsweise eine ganze Nacht lang die Ärmel an einen halbfertigen Rock warf, weil der Schneidermeister dieses Bild in seiner Anordnung für den Abschluss der Arbeit benützt hatte. Aber in den ihm angedichteten Episoden überwiegen doch derbe, unflätige Taten, die an die nachweislich bekannteste und beliebteste Geschichte jener Zeit erinnern, die vom Scheitern des strebsamen Ritters Neidhart handelt. Er entdeckt auf einer Wiese die erste Frühlingsblume, und weil er seine Herrin mit dem Anblick erfreuen will, deckt er sie ab mit seinem Hut und eilt ins benachbarte Schloss. Ein Bauer erscheint, nimmt den Hut und scheißt auf die Frühlingsbotin – und zwar nicht nur im übertragenen Sinn. Dann platziert er den Hut wieder, und als Neidhart ihn für die Dame lüftet, ist er aufs Äußerste blamiert. Zur Beliebtheit dieser Erzählung hat sicher beigetragen, dass sie im Kleinen einen Bauernaufstand gegen die Herrschaft und deren abgehobene Lebensart schildert; aber auch abgesehen von dem sozialen Spannungsfeld dürfte die Abkehr von feineren Sitten und die Inszenierung körperlicher Derbheit attraktiv gewesen sein.

Die Gattung Witz als populäre kleine Erzählung, die auf eine Pointe zuführt, bildet sich erst im 19. Jahrhundert heraus. Vorher hat das Wort Witz eine andere Bedeutung; es bezeichnet intellektuelles Niveau, kreative geistige Kapazität. Man hatte Witz, aber man verfügte nicht über eine Ansammlung von Witzen. Die entwickelte sich schnell und löste den Gebrauch des Worts Witz für eine subjektive Eigenschaft ab, obwohl diese für die Erfindung und das Verständnis von Witzen nützlich ist. Im ausgedehnten Arsenal der Witze sind allerdings größere Flächen von Geschichten besetzt, in denen – wie bei Neidhart – die Durchkreuzung von Anstandsregeln das Wesentliche ist. Bei Kindern war und ist die Geschichte beliebt, in welcher der Insasse eines Flugzeugs ›muss‹, aber keine Toilette vorhanden ist. Die technischen und akustischen Bedingungen werden in dem Witz ignoriert – der Mann öffnet in seiner Bedrängnis eine Klappe, und er ruft noch schnell hinab: *Vorsicht, Kopf weg!*, was die Leute unten dummerweise als *Vorsicht, Kotelett!* verstehen... Und es sind nicht nur Kinderwitze, die sich dem Aufstand gegen gediegenes Verhalten überlassen. Auch bei Erwachsenen ist beispielsweise die Geschichte von zwei Marktfrauen beliebt, die sich in einen heftigen Streit hineinsteigern. Nach wechselseitigen lauten Beschimpfungen wirft eine mit Pferdeäpfeln auf ihre Gegnerin, und einer der Rossbollen landet in deren offenem Mund. Und die Reaktion? Sie brüllt, so laut es das unverhoffte Geschoss zulässt, der Werferin zu: *Der bleibt drin, bis die Polizei kommt!* Auch hier ist das Hygiene und Norm verletzende Bild das Wichtigste; aber es ist bezeichnend, dass es in beiden Fällen von sprachlichen Äußerungen begleitet wird – der Wortverwechslung im einen Fall und dem unerwarteten Rekurs auf Amtshilfe im anderen.

Der Humor als Umgang mit komischen Befunden hat es heute mit verschiedenen Schichten zu tun. Am Beispiel erläutert: Jemand stolpert und fällt hin. Hemmungsloses Gelächter erregt das wohl höchstens bei Kindern, während bei Erwachsenen, wenigstens bei vielen, Mitleid und Hilfsbereitschaft dominieren – aber es ist jedenfalls ein komisches Bild, dem man gegenübersteht. Das tritt offener zutage, wo es sich um inszeniertes Stolpern und Fallen handelt. Manche Zirkusclowns beherrschen dies perfekt, wobei die vorgeführte Schwäche oft erhebliche physische Stärke und ein gut trainiertes Balancegefühl erfordert. Das artistische Geschick lässt sich auch bewundern bei dem Kammerdiener des kleinen Films »*Dinner for One*«, der wohl auch weiterhin am Jahresende von vielen Fernsehanstalten ausgestrahlt wird – *same procedure as every year*, wie es im Film selbst heißt. Das Stolpern des Dieners, als running stumbling gag, wird schnell zur Norm, sodass dann auch die gelegentliche Vermeidung komisch ist und Lachen erregt. Außerdem ist die stark beeinträchtigte Fortbewegung in die groteske Handlung eingebunden, in der dann sprachliche Stolperschritte die Geschichte abrunden. Insofern ist hier im Vergleich mit der rein physischen Demonstration eine etwas höhere Stufe erreicht.

Auf die Höhe eines richtigen und richtig guten Witzes führt eine weitere Stolpergeschichte. Nach der Verkündung der Unfehlbarkeit des Papstes im Jahr 1870 kam es zu einer Abspaltung innerhalb der katholischen Kirche. Ein Teil der Geistlichen akzeptierte das Dogma der *Infallibilität* nicht. Eines Tages, so wird erzählt, sei einer der abtrünnigen Bischöfe ins Stolpern gekommen, der ihn begleitende kirchentreu gebliebene Kollege habe ihn im letzten Moment abgefangen und vor dem Sturz bewahrt – und seine Intervention entschuldigt mit der Bemerkung: *Es ist nur wegen der Hinfallibilität.* In diesem Fall ist das Stolpern nicht mehr wichtig in seinem Realgehalt, sondern nur der Auslöser für die humorvolle, witzige Begründung. Es ist eine Anekdote, und es lässt sich wohl kaum feststellen, ob das Erzählte tatsächlich passiert ist oder nur ein witziger Einfall war, bereitgestellt von der Sprache über das Verb hinfallen, das die Infallibilität ins Straucheln bringt. Der Vorgang liegt ziemlich genau anderthalb Jahrhunderte zurück, aber der Witz ist nicht vergessen – weil er ein apartes Sprachspiel präsentiert, weil das Dogma der Unfehlbarkeit im aktuellen religiösen Richtungsstreit noch immer eine Rolle spielt, und sicher auch deshalb, weil das Stichwort Unfehlbarkeit über die kirchliche Kontroverse hinaus den Anspruch auf endgültige Wahrheit vertritt, der in der Moderne fanatische Machtspiele begründet, aber fragwürdig geworden ist.

Der Witz schafft Spielraum und Offenheit. Er überlistet die banale und oft harte Realität und führt in Phantasieräume des Möglichen und Unmöglichen. Theodor W. Adorno sah die Aufgabe der Kunst darin, Chaos in die Ordnung zu bringen. Dies lässt sich auch auf die Funktion des Witzes übertragen. Das gilt für die Inhalte, aber auch für den Modus der Anwendung in der Kommunikation – als Moment der Überraschung, als farbig-heiterer Ausbruch aus der ernsthaften grauen Routine. Wo Witze in geordneten Formen angeboten werden, geht diese Freiheit leicht verloren. Die in kleinen Büchern zusammengefassten Sammlungen bestimmter Witzsorten – von den Arzt- bis zu den Zeppelin-Witzen – liefern zwar eifrigen Witzerzählern reichlich Munition, werden aber in der fortlaufenden Lektüre schnell langweilig. Auch die gelegentlich organisierten Witz-Wettkämpfe sind meist eher Leistungsschau als befreiendes Spiel. Die seit einiger Zeit verbreiteten Lachseminare erreichen zwar psychosomatische Reaktionen, aber es ist ein Unterschied, ob man lachen muss, weil einem die Pointe einer Geschichte nichts Anderes übrig lässt, oder weil man den Heilerfolg nicht gefährden soll. Der in der Tourismuswerbung sehr präsente Appenzeller Witzwanderweg, acht Kilometer lang mit auf Tafeln präsentierten Witzen, wird gut genutzt; aber es soll vorkommen, dass an den ersten Stationen nicht immer und an den letzten garnicht gelacht wird. Durchaus möglich auch, dass Leserinnen und Leser auf Distanz gehen, wenn über Witze reflektiert wird und dabei die Pointen nicht als Brennpunkte belassen, sondern in Erklärungen breit getreten werden. Ein guter Grund, dieses Kapitel abzuschließen.

Steigerung, Pointierung, Begrenzung

Auffahrunfall. Ein Mann, neben seinem Auto stehend, erzählt. Er habe es kommen sehen. Ein paar Kilometer sei man nur noch in Kolonne gefahren, beide Spuren belegt, und ziemlich langsam. Aber dann habe es sich plötzlich gelockert, freie Fahrt, und die Meisten hätten gleich richtig beschleunigt. Er habe auch gedacht, das Problem sei vorbei, aber schon bald danach habe er gemerkt, dass etwas nicht stimmt, es sei wieder sehr eng geworden. Deshalb habe er verdammt aufgepasst, sei nicht auf die Überholspur, obwohl es möglich gewesen wäre, und er habe das Tempo noch mehr gedrosselt. Und tatsächlich – plötzlich ein abrupter Stopp, ein paar Wagen vor ihm seien die Autos krachend ineinander gerauscht. Aber er sei energisch auf die Bremse gestiegen und habe sein Auto zum Halten gebracht – im letzten Moment.

Eine nüchterne Darstellung, eigentlich eher Bericht als Erzählung; die Umstehenden nehmen ihm die Geschichte ab. Sie ist ja auch korrekt, hält sich unaufgeregt und ohne besondere Dramatisierung an den tatsächlichen Ablauf. Und doch ist sie ein wenig widersprüchlich. Die Schlussbemerkung *im letzten Moment* bezieht sich auf den gelungenen

Bremsvorgang, impliziert aber ein Überraschungsmoment, das so nicht gegeben war: Er hatte die Karambolage ja doch kommen sehen, und er hatte sich in seinem Fahrstil darauf eingestellt. Zugegeben ein beckmesserischer Einwand – aber eine Beobachtung, die eine genauere Befassung mit dem letzten Moment nahelegt.

Ein zweites Beispiel. Familienferien am Meer. Die Eltern am Strand, beschäftigt mit Zeitschriften und Sonnenschutzritualen, die halbwüchsigen Kinder, ein Mädchen und ein Junge, draußen schwimmend im Wasser. Sie merken, dass die Strömung vom Ufer weg ins offene Meer treibt. Sie lassen sich hinaustragen von den kräftigen Wellen, verständigen sich aber über die mögliche Gefährdung. Der Junge schwimmt Richtung Ufer, ruft seiner Schwester zu, dass die Gegenströmung unheimlich viel Kraft fordert; aber die Schwester – vielleicht versteht sie ihn nicht – lässt sich weiter von den Wellen schaukeln. Bis sie ihren gestikulierenden Vater am Strand entdeckt, dann schwimmt auch sie zurück. Gemeinsam stehen sie am Ufer und sehen überrascht, dass das Wellenspiel zunehmend ruhiger wird, dass also die Gegenströmung wohl vor allem durch ein seitlich auftauchendes Schiff ausgelöst war. Wenn die Kinder später im Freundeskreis von Urlaubserlebnissen berichteten, kam diese Wendung nicht vor; sie erzählten regelmäßig, sie hätten sich gerade noch rechtzeitig zum Rückzug entschlossen und seien glücklicherweise heil ans Ufer gekommen – *im letzten Moment*. Die zeitliche Zuspitzung ist ein wesentliches Element der Erzählung, und man hat sich daran gewöhnt, dass der entscheidende Augenblick, der letzte Moment, oft eine lange Vorgeschichte hat.

Eine sehr lange oft sogar. Eine Frau mittleren Alters, geschieden, lässt sich auf ein im Netz vermitteltes Date ein, trifft einen sympathisch wirkenden älteren Herrn, auch er geschieden und nach seinen Berichten beruflich nach beachtlichen Erfolgen seit einiger Zeit in Schwierigkeiten. Er gibt sich trotzdem großzügig, bezahlt bei abendlichen Treffen in Restaurants die Rechnung und kommt nie ohne Blumen zu Besuch. Bis er eines Tages – natürlich unverschuldet – in große Schwierigkeiten gerät und von der Partnerin einen erheblichen Kredit erbittet. Mit Erfolg, und damit ist klar, dass sich dieses Spiel fortsetzt, für Außenstehende leicht durchschaubar, nicht aber für die Frau, für die der Mann inzwischen ein makelloser Freund und Liebhaber ist. Sie bedient ihn weiter mit beträchtlichen Geldsummen, um ihn aus seinen angeblichen Notlagen zu retten; aber allmählich kommen ihr doch Bedenken, und sie kämpft mit sich, ob sie die Beziehung nicht besser beenden sollte. Was sie schließlich auch tut, nach langem Überlegen – *im letzten Moment*, wie sie sagt.

Niemand von denen, die ihre Geschichte hören, käme auf die Idee, diese sprachliche Wendung anzukreiden; man ist es gewohnt, sie nicht ganz wörtlich zu nehmen – sonst müsste man sich vergegenwärtigen, dass sie pointiert, auf den Punkt bringt, was in Wirklichkeit ein langer Prozess war. Im letzten Moment – das ist nicht nur der beiläufige Hinweis auf die entscheidende Umkehr, sondern die in der Sprache bereitgestellte Formel für den Sinn der Erzählung. Sie kann geradezu als Auslöser für die Erzählung fungieren; jedenfalls bestimmt sie die Perspektive. Man kann sagen, dass die Sprache angibt, dass sie also in der Lage ist, relativ unbedeutende

Vorgänge aufzumotzen. Wenn jemand nach der erfolgreichen Beendigung einer Aufgabe sagt, er habe *Tag und Nacht* daran gearbeitet, dann hat ihm die Sprache eine Formulierung bereitgestellt, die mit einer prägnanten Übertreibung beeindruckt, ohne dass über die tatsächlichen Arbeitszeiten Rechenschaft abgelegt werden muss.

Der Einwand liegt nahe, dass nicht die Sprache ›angibt‹, sondern dass es die Sprechenden sind, die angeben, wenn sie übertreibende Formeln benützen – dass also die Sprache nicht ohne präzisierende Erklärung zum handelnden Subjekt erhoben werden darf. Die sprechenden Menschen sind es, die den Wortlaut ihrer Äußerungen bestimmen. Und doch bleibt es dabei: Die Menschen verfügen über die Sprache, aber die Sprache verfügt auch über die Menschen, die sie benützen. In seiner Abhandlung »Morgenröte« notierte Friedrich Nietzsche: *Wir drücken unsere Gedanken immer mit den Worten aus, die uns zur Hand sind. Oder um meinen ganzen Verdacht auszudrücken: wir haben in jedem Momente eben nur den Gedanken, für welchen uns die Worte zur Hand sind, die ihn auszudrücken vermögen.*

Die Sprache trägt die sprechenden Menschen, wie das Wasser schwimmende Menschen trägt, auch mäßige Schwimmer, wenn sie nur einige elementare Bewegungen beherrschen. Von Friedrich Schiller gibt es ein Epigramm mit dem Titel »*Dilettant*«, das sich gegen die Selbstüberschätzung dilettierender Poeten richtet:

Weil ein Vers dir gelingt in einer gebildeten Sprache,
die für dich dichtet und denkt, glaubst du schon Dichter zu sein?

Eine Anmerkung, die mit den Fortschritten der Alphabetisierung immer häufiger angebracht war und heute das Nötige zu vielen Jubiläums- und Leserbrief-Reimereien und gut gemeinten Gedichtbändchen sagt. Dass die Sprache dichtet und denkt für diejenigen, die sich ihrer bedienen, gilt aber nicht nur in den Randbezirken der Poesie, sondern allgemein. Die Sprache gibt Möglichkeiten vor, setzt aber auch Grenzen.

Es kommt vor, dass eine zunächst verwendete sprachliche Formel zurückgenommen und korrigiert wird. Mir ist das in auffälliger Weise im Gespräch mit einem ›Flüchtling‹ begegnet. Er erzählte von der Vertreibung aus der ostdeutschen Heimat in der Zeit um das Ende des Zweiten Weltkriegs, die innerhalb weniger Stunden erfolgen musste – sie hätten sich dann auf den Weg gemacht *mit Sack und Pack*. Aber dann stutzt er und sagt: Eigentlich ja gerade ohne Sack und Pack – und er erklärt, dass wegen der Eile, aber auch wegen der Anordnungen fast alles zurückgelassen werden musste. Kein sehr aufregender sprachlicher Vorgang, aber bei genauem Hinhören so zu interpretieren, dass der Mann zunächst die geläufige Formel benützt, die pointiert, aber auch vereinfacht, und die zudem einen angenehmen rhythmischen Akzent setzt, und dass er danach mit Blick auf den Bedeutungsgehalt revidiert. Anzumerken ist dabei, dass unsere Sprache ein reiches Angebot an derartigen Wortpaarungen bereitstellt – *Alt und Jung, Feuer und Flamme, Kind und Kegel, Kraut und Rüben, Saus und Braus, Wind und Wetter.* Die Liste ließe sich fortführen, auch mit Paarungen von Verben (*vergeben und vergessen*), Adjektiven (*kurz und bündig*) und anderen Formen. All diese Doppelungen sind gewohnt und vertraut, fügen sich geschickt in den Ablauf einer Erzählung ein und verkörpern gleichzeitig einen kleinen poetischen Mehrwert.

Die kritische Relativierung ist aber nicht auf Wörterpaare beschränkt. Auch einzelne Vokabeln, die einen Sachverhalt übersteigern und damit eindringlicher machen, werden im ersten Anlauf gerne verwendet, manchmal aber ziemlich schnell wieder zurückgenommen. Der adverbiale Gebrauch von *wahnsinnig* und ähnlich extremen Wörtern kann dies deutlich machen. Sie habe seit einigen Tagen wahnsinnige Schmerzen im Kreuz, Schmerzen wie niemals vorher, sagt eine junge Frau – und fährt nach einer kurzen Pause fort: *obwohl – mein Zeh mit dem eingewachsenen Nagel war noch schlimmer*. Krankheitsanamnesen sind ein fruchtbares Feld für extreme Einschätzungen, aber *wahnsinnig* ist auch der letzte Anstieg bei einer Gipfeltour, die Lautstärke eines Konzerts in der Nachbarschaft, der Verkehrslärm in einer nahen Straße, und auch der Schwierigkeitsgrad einer Klassenarbeit. In all diesen Fällen diktiert und verschärft die Sprache die Bewertung in den Schilderungen und vielleicht auch die psychische Empfindung der Betroffenen.

Beliebt und verführerisch sind formelhafte Wendungen in Erzählungen eigener Erlebnisse. Sie bieten sich an als Resümee: *Ende gut, alles gut!*, manchmal auch als die in der vorangegangenen Geschichte enthaltene Moral: *Wer einmal lügt…* Sie können aber auch wie Zwischenüberschriften in die Erzählung eingebaut sein; so, wenn eine Auseinandersetzung geschildert wird und in der Einleitung gleich betont wird: *Nicht mit mir!* und für den Verlauf der Kontroverse: *Dem hab ich's gezeigt!* Dies sind nicht nur einzelne Hervorhebungen, sondern Akzentuierungen, die den Ton und die

Ausrichtung der ganzen Erzählung bestimmen. Ich habe im Abschnitt über die autobiografischen Elemente des Erzählens Ernst Jüngers Schilderungen aus dem Grabenkampf mit der Erschießung des englischen Offiziers erwähnt und dabei die Annahme nahegelegt, dass Jünger mit der in verschiedenen Auflagen seines Buchs vollzogenen Verkürzung des Abstands von den feindlichen Angreifern seine heroische Leistung zu optimieren suchte. Ich rücke von dieser Annahme nicht ab, füge aber hinzu, dass wohl wiederum die Sprache seine Modifikationen mitgesteuert hat. Was in der Erinnerung lebendig blieb, war vermutlich die Formel *aus nächster Nähe*, und es ist möglich, dass sie die erinnerten Bilder pointierend verändert hat.

Steigerung kann auch in der Form der Minimierung wirksam sein, und keineswegs nur in Ausnahmesituationen, wie sie in Kriegserinnerungen eine Rolle spielen, sondern auch im zivilen Alltag. Ein Autofahrer erzählt, noch ganz unter dem Eindruck des Erlebten, er habe ein Riesenglück gehabt und sei restlos fertig: Ein Radfahrer sei beim Überholen – *Ein Meter fünfzig steht in der Straßenverkehrsordnung!* – höchstens ein paar Millimeter von seiner Autotür weg gewesen, er habe schon einen schlimmen Unfall vor Augen gehabt, und womöglich den Entzug seines Führerscheins. Bemerkung eines Zuhörers: *Du hättest eben nicht überholen sollen!* – und Berichtigung: *Nicht ich habe überholt, er hat mich überholt!* Den Millimeterabstand bezweifelt niemand von den Zuhörenden, obwohl es höchstwahrscheinlich mindestens mehrere Dezimeter waren; es handelt sich in diesem Kontext auch nicht um eine verbindliche Maßangabe, sondern um die Sprachformel für extreme und in diesem Fall gefährliche Nähe.

Dass die verfügbare Sprache mit ihren Bedeutungsgehalten als Produktivkraft an der Formung von Erzählungen beteiligt ist, liegt auf der Hand. Aber sie pointiert nicht nur, sondern setzt auch Grenzen. Wo Hörerinnen und Hörer mit der ganzen Sprache oder auch mit Nuancen und Differenzierungen überfordert sind, gehen Erzählungen ins Leere oder bewirken Missverständnisse, die im günstigen Fall witzige Pointen schaffen, oft aber einen Bruch in der Kommunikation oder ihren Abbruch bewirken. Nach dem Krieg berichteten deutschsprachige Heimatvertriebene, dass sie kaum Schwierigkeiten hatten, sich in dem neuen sprachlichen Umfeld zurecht zu finden, dass es aber doch auch belastende Missverständnisse gab – und dazu wurden fast immer Vorfälle berichtet, bei denen sie selbst oder Bekannte von ihnen die Bedeutung von Schimpfwörtern falsch einschätzten und so ihr Gegenüber oder die im Gespräch anvisierte Person beleidigten. Dass der Aggressionsgehalt von *Halbdackel* größer ist als der von *Dackel*, erschließt sich nicht aus der generellen Sprachlogik, sondern nur aus den Usancen in einer Sprachregion.

Es versteht sich, dass derartige Brüche sehr viel häufiger sind, wo die gängige Sprache für die Zugewanderten völlig fremd ist. Eine Einheimische erzählt von ihrer Absicht, mit einer Asylantin ins Gespräch zu kommen – richtiger, aber schwieriger Versuch, *Integration* nicht nur als Schlagwort hoch zu halten. Sie spricht mit der Fremden über deren gegenwärtige Lage und tastet sich dann vor zur Frage nach Erfahrungen auf der Flucht. Die junge Frau sucht die deutschen Sprachbrocken zusammen, die sie sich inzwischen angeeignet hat. Sie versucht anzudeuten, wie froh sie waren, das griechische Auffanglager zu erreichen, wie schlecht aber dort die Verhältnisse waren. *Wasser,* sagt sie dann plötzlich, *viel Wasser.* Die Gesprächspartnerin versteht dies als glückliche Wendung im Lager und stößt erst nach einigen weiteren Stichworten auf den wirklichen Sinn: viel Wasser bei der extrem gefährlichen Fahrt im Schlauchboot über das Meer.

Aber der Blick auf sprachliche Barrieren rückt auch harmlose Konstellationen in den Horizont des Interesses, wie etwa Beobachtungen, die man bei Kindern in den verschiedenen Phasen des Spracherwerbs machen kann – und die keineswegs einheitlich sind. Es gibt bekanntlich Kinder, die zwar alles verstehen, die aber – oft zur Besorgnis ihrer Eltern – lange Zeit fast stumm bleiben, ehe sie dann ziemlich plötzlich in ganzen Sätzen zu reden und auch zu erzählen beginnen, während sich die meisten anderen Kinder sprechend Kurzformen und schließlich auch komplexere Sätze aneignen. In beiden Fällen spielt die Wiederholung eine zentrale Rolle – wiederholtes Hören und wiederholtes, nachahmendes Sprechen. Das Stichwort *Spracherwerb* bringt, soweit es sich auf die eigene Sprache bezieht, schnell die Mühen und Strategien kleiner Kinder ins Spiel, lässt dagegen vergessen, dass es sich um einen lebenslangen Prozess handelt, in welchem zwischen den verschiedenen Generationen Irritationen und auch Barrieren entstehen.

Eine alltägliche Spielart defizitärer Kommunikation ist es, wenn Eltern nach dem Schulschluss wissen wollen, wie es denn heute war, und die von der stereotypen Frage genervten Schülerinnen oder Schüler das Gespräch rasch zu Ende bringen mit der Antwort: *Doof wie immer.* Für die Erwachsenen eine freche Antwort, aber die abweisende Entgegnung ist manchmal auch daraus abzuleiten, dass die jungen Leute wissen, dass sie den Erwartungen der ›Alten‹ auf eine Art Analyse der einzelnen Stunden und Fächer sowieso nicht gerecht werden können. Und Barrieren gibt es auch in umgekehrter Richtung: Wenn Ältere die Kommunikation beleben wollen, indem sie Klischees der Jugendsprache verwenden, ist die Blamage programmiert. Der Versuch der Anbiederung ist an sich schon fragwürdig, und da die Sondersprache der Jugend einem rasanten Wechsel unterliegt, verfehlen die Älteren meist die modischen Wörter und Wendungen, die gerade en vogue sind. Dies gilt in besonderem Maß deshalb, weil die sprachlichen Kreationen und Koketterien großenteils in den sogenannten sozialen Medien einen Echoraum haben, den die Älteren vielfach nicht betreten können oder dürfen.

Es gibt auch Gebiete im alltäglichen Erlebnisbereich, für welche das Sprachangebot entweder nicht vorhanden oder tabuisiert ist. Das gilt vor allem für das weite Feld der Erotik. Für emotionale Liebesbekenntnisse steht außer banalen und ausgelutschten Formeln fast nur gefühliger Kitsch zur Verfügung; und wo es um die Realitäten der Sexualität geht, hat sich zwischen nüchternen fachsprachlichen Bezeichnungen und ordinärem Vokabular kaum eine gleichzeitig treffende und nichtdeklassierte Redeweise entwickelt. Man kann allerdings die Frage stellen, ob diese Zustandsangabe nicht durch die jüngste Entwicklung überholt ist. Das Wort *ficken* war lange Zeit beschränkt auf die Verständigung zwischen den an sexuellen Aktivitäten Beteiligten und auf bewusst aggressive Detabuierung, während es seit relativ kurzer Zeit nicht nur im Duden, sondern auch in Buch- und Schauspieltiteln, in der Produktwerbung und selbst auf politischen Plakaten erscheint. Allerdings ist schwer einzuschätzen, inwieweit solche Ausdrucksweisen in die Umgangssprache eingedrungen sind, die aber jedenfalls – in positivem wie in problematischem Sinn – schamloser geworden ist.

Mündlich / schriftlich, online / offline – Zusammenspiel

Wie lang muss eine Erzählung sein? Das Stichwort *Erzählung* ruft in der Regel die Vorstellung einer freien und zeitlich unbedrängten Kommunikation hervor. Die Erzählung muss nicht direkt auf den zentralen Inhalt zugehen; die Erzählenden können sich Zeit lassen, können Details ausmalen und Nebengleise betreten, auch wenn sich dort nur blinde Motive abrufen lassen. Das kann in manchen Fällen lästig sein, aber es kann sich auch um eine willkommene Ausschmückung handeln. Jedenfalls denkt man meist an einen längeren Text. Aber gibt es wirklich eine Grenze nach unten? Ich habe zwei Kapitel dem *Witz* gewidmet, ohne dabei eine besondere Begründung zu bemühen; Witze sind gewiss Erzählungen, und sie dürften gerade auch wegen ihrer Kürze so verbreitet sein. Sie können zwar zu einem längeren Text ausgebaut werden, und manchmal ist dieser auch nötig, um die überraschende Pointe wirksamer zu machen. Aber in den meisten Fällen ist die Ausgangssituation schnell geschildert, und die Pointe braucht keine weitere Erklärung; sie verbietet sich sogar, weil sie die Zuspitzung entschärft. Bei der *Anekdote* verhält es sich ähnlich. Hier kann zwar die ins Visier genommene Person zunächst etwas ausführlicher abgebildet werden; aber erstens handelt es sich überwiegend um berühmte oder zumindest bekannte Personen, und zweitens ist es ja gerade der Anspruch der Anekdote, die Person durch eine einzige ihrer Taten oder ihrer Aussprüche zu charakterisieren.

Die kürzeren Formen der Erzählung haben sich im Lauf des 19. Jahrhunderts durchgesetzt – als Teil einer generellen Entwicklung der Kommunikation. Forschungen, die sich der modernen Gesellschaft und vor allem der Großstadt zuwandten, in Deutschland an vorderster Stelle die Beobachtungen und Analysen Georg Simmels, machten aufmerksam auf die Zunahme von flüchtigen Kontakten und raschem Austausch. Zwar wurde in den bürgerlichen Familien die Binnenkommunikation intensiver; aber abgesehen von den Gemeinsamkeiten am Arbeitsplatz überwog aufs Ganze gesehen doch immer mehr die relativ belanglose Begegnung von Personen, die sich nicht näher kannten und mit denen man auch nicht in eine engere Beziehung treten konnte oder wollte. Als aktuelle Variante dieser Entwicklung kann man die eklatante Vermehrung der im Netz auf den Weg gebrachten Kurztexten betrachten, muss sich dabei aber auf die genauere Betrachtung des Verhältnisses von Gesprochenem und Geschriebenen einlassen.

Die individuelle Vermittlung von Erzählungen in schriftlicher Form nahm von Anfang an einen wichtigen Platz in der Briefkultur ein, die sich zunächst auf den Austausch zwischen Gelehrten beschränkte, sich dann aber mit der zunehmenden Alphabetisierung und mit der wachsenden Mobilität der Bevölkerung ausweitete. Im 19. Jahrhundert verließen viele Jüngere ihre darbenden Familien und suchten ihr Auskommen in den neu entstehenden Industriebezirken; und es war auch die Zeit großer Auswanderungen. Berthold Auerbach erwähnt in seinen »*Schwarzwälder Dorfgeschichten*« Briefe aus den Vereinigten Staaten, in denen Ausgewanderte ausführlich von glücklichen Umständen und von Enttäuschungen berichten, und er schildert auch, wie Briefe vorgelesen oder ihre wichtigsten Teile weitererzählt und mit großem Interesse zur Kenntnis genommen werden vor dem Hintergrund, dass für die Auswanderung nach Amerika geworben, aber auch davor gewarnt wurde.

Eine neue Stufe im Prozess der Vermittlung von Erzählungen kam über das Telefon zustande, das die direkte mündliche Aussprache erlaubte, ohne dass die Gesprächspartner anwesend sein mussten. Wenn es etwas zu erzählen gab, war kein schriftlicher Zwischenschritt mehr erforderlich. Allerdings sollte man Gewicht und Reichweite dieser technischen Verbesserung nicht überschätzen. Eine stärkere Verbreitung der neuen Apparatur setzte erst nach dem Ende des Zweiten Weltkriegs richtig ein, und noch mehrere Jahrzehnte wurde eine intensive Nutzung durch die beträchtlichen Kosten ausgebremst – insbesondere bei weiten Entfernungen und bei der Überschreitung nationaler Grenzen. Wolfgang Deichsel, damals als der *hessische Molière* gefeiert, demonstrierte dies vor einem halben Jahrhundert in einer komischen Szene. Frau Körner erwartet als Geschenk zu ihrem 65. Geburtstag einen Anruf ihrer in den USA lebenden Tochter, der aber bei der Nachbarin Frau Sudermann landen muss, weil nur sie ein Telefon besitzt. Die Frau Körner erscheint bei ihr in großer Aufregung mit dem Küchenwecker, beklagt, dass sie nicht darüber nachgedacht hat, was sie sagen soll, und schreckt auf bei jedem Geräusch, während Frau Sudermann betont ruhig noch *ihre* Telefonate erledigt. Endlich ist es soweit; Frau Körner ist zu nervös, um das Gespräch aufzunehmen, Frau Sudermann übernimmt und stellt sich umständlich vor; Frau Körner greift endlich zum Hörer und beginnt, als sie die Stimme ihrer Tochter hört, sofort vor Rührung zu weinen. Frau Sudermann nimmt das Gespräch wieder auf, das sich schnell den Kosten des Anrufs und der begrenzten Zeit zuwendet und das am Ende an- und ausgezählt wird wie in einem Boxkampf: *Noch 18 Sekunden... noch 6, noch 4, noch 3.* Frau Körner greift ein: *Ich auch nochmal!* Aber es ist vorbei; sie kann nur fragen, was die Tochter noch gesagt hat. Frau Sudermann antwortet: *Herzlichen Glückwunsch*, und Frau Körner quittiert dies glücklich: *Des war's Geschenk*, und ihre Tochter habe sich nicht verändert.

Es dauerte noch einige Zeit, bis sich günstigere Tarife für Telefonate durchsetzten, und in dieser Zeit ergaben sich mit dem handlichen Mobiltelefon auch neue Möglichkeiten der Kommunikation. Mit dem *Handy* war man nicht mehr an einen festen Standort gebunden, fast überall sendefähig und erreichbar, was direkte Kontakte zum Teil überflüssig machte und zunächst tatsächlich reduzierte. Teilweise handelte es sich aber nur um eine Variation des mündlichen Kontakts; man konnte beispielsweise Schülerinnen und Schüler beobachten, die sich nach dem Ende des Unterrichts quer über die Straße und mit Sichtkontakt telefonisch verständigten. Diagnosen über den Niedergang des direkten persönlichen Austauschs durch die technische Aufrüstung erweisen sich in vielen Fällen als zu pauschal; sie verfehlen oft die Modalitäten des Zusammenspiels, die von Anfang an die Ausbreitung der Medien begleiteten.

Dies gilt bereits für die gedruckten Medien. Der folkloristische Blick auf die Entwicklung der mündlichen Erzählkultur ging allzu oft von einer in sich geschlossenen und unabhängigen Tradition aus, während lustige Geschichten, abschreckende Sagen und beglückende Märchen tatsächlich schon vor Jahrhunderten literarisch präsentiert und von gebildeten Vermittlern in den mündlichen Umlauf gebracht wurden. Besonders offenkundig war dies bei der Verbreitung von biblischen Geschichten und von Legenden, die regelmäßig in Predigten und kirchliche Lehrstunden eingebaut und auf diesen Wegen volkstümlich wurden. Auch die aufkommende Presse trug Informationen und unterhaltende Skizzen zunächst auf indirektem Weg ins Repertoire der Menschen – es gibt viele Bilder und andere Hinweise darauf, dass sich Angehörige der bäuerlichen Bevölkerung in einem Wirtshaus oder einer großen Scheune versammelten und Pfarrer, Lehrer oder andere Respektspersonen aus der Zeitung vorlasen. Vornehmlich ging es dabei um die Information über aktuelle politische Maßnahmen und gesellschaftliche Veränderungen; aber im bürgerlichen Milieu fanden bald auch Familienzeitschriften wie die »*Gartenlaube*« ein großes Publikum, das nicht nur mit Berichten aus vielen Weltregionen versorgt wurde, sondern auch unterhaltsame Erzählungen angeboten bekam. In etwas reduzierter Form gilt dies auch für die Illustrierten, die sich mit dem Vordringen der Fotografie vor allem seit der Mitte des 20. Jahrhunderts ausbreiteten. Und in all diesen Fällen fanden die Erzählungen auch ihren Platz im mündlichen Verkehr.

Die Zweistufigkeit des Tradierens blieb auch gewahrt, als sich neuartige Medien durchsetzten. Das zu Beginn des 20. Jahrhunderts aufkommende Kino zog zunächst vor allem die Angehörigen der Arbeiterklasse in den Großstädten an. Man darf wohl unterstellen, dass gerade die anfangs dominierenden Stummfilme die Nacherzählung provoziert haben, und insgesamt sind Filme bis heute ein Medium geblieben, dessen Inhalte nicht nur von den Besucherinnen und Besuchern diskutiert, sondern Freunden und potenziellen Interessenten auch erzählt werden. Auch der Rundfunk kann hier eingereiht werden, dessen Beiträge zunächst weitererzählt wurden, weil die Radiodichte in der Bevölkerung nicht sehr hoch war, später und bis in die Gegenwart aber auch, weil angesichts der wachsenden Vielzahl der Sender und der Vielfalt der Sendungen eine flächendeckende Rezeption unmöglich wurde. Die gleiche Entwicklung nahm das Fernsehen: In den ersten Jahren überbrückten manche von denen, die noch keinen eigenen Apparat hatten, die Flaute durch Besuche bei bereits angeschlossenen Nachbarn. Kurt Oesterle erzählt in seinem Buch »*Der Fernsehgast*«, wie ein aufgeweckter Jugendlicher auf diese Weise mit seinem ganzen Dorf vertraut wurde. Andere ließen sich über die Ausstrahlungen erzählen; und mit der gesteigerten Zahl und Diversifikation der Angebote ergab sich immer öfter die Situation, dass man Sendungen versäumte, die man gerne gesehen hätte. Selbst bei als *block buster* angekündigten Filmen sind die Straßen ja nicht völlig leergefegt, sodass Nachfragen und dadurch angeregte Nacherzählungen nicht selten sind.

Die Einführung und rasche Ausbreitung des Computers hatte eine Neuordnung der schriftlichen Kommunikation zur Folge. Geschäftliche Daten und Informationen wurden großenteils bald nicht mehr mit der Post übermittelt, sondern auf dem ungleich schnelleren digitalen Weg. Aber auch der persönliche Briefverkehr wurde in großem Umfang abgelöst durch den Austausch von Mails. An sich erlauben diese ebenso ausführliche Darstellungen wie Briefe, und tatsächlich schieben sich zwischen die vielen – nur zum Teil erwünschten – Kurzbotschaften auch lange Berichte und Erzählungen als Zeugnisse vertrauter Partnerschaft. Sie sind aber seltener als die manchmal fast auf Telegrammdeutsch reduzierten Mitteilungen – die man vielleicht damit erklären kann, dass dem Gebrauch des Computers das Prinzip der Schnelligkeit eingeschrieben ist und diese automatisch auf Kürze drängt.

Auf all den geschilderten Stufen der Medienentwicklung beeinflussen die technischen Vorgaben der Medien und deren gesellschaftliche Funktion die sprachlichen Möglichkeiten, die wiederum mitbestimmen, was und wie erzählt wird. Besonders deutlich wird dies in den als *Soziale Medien* etikettierten Kommunikationsfeldern, zu denen sich alle digital Vernetzten Zugang verschaffen und die Möglichkeit aktiver Beteiligung erwerben können. Es handelt sich um halböffentliche Kommunikation:

Der private, auf einen Sender und einen Adressaten begrenzte Verkehr wird zurückgelassen, der beliebige Zugriff für Alle aber nicht ermöglicht; er ist vielmehr auf einen enger definierten Kreis von Angemeldeten und damit gewissermaßen Mitgliedern beschränkt. Das Stichwort eng darf allerdings nicht die Vorstellung eines überschaubaren Kreises abrufen; nicht nur die auf Werbung ausgerichteten, sondern auch die für die allgemeine Kommunikation offenen Kreise sind unbegrenzt, so gut wie weltweit zugänglich und weisen entsprechend hohe Zahlen von Beteiligten aus.

In die Diskussion um die neu entwickelten Möglichkeiten der Kommunikation ist inzwischen auch der kritische Gegenbegriff *Asoziale Medien* eingeführt. Man denkt dabei vielleicht zuerst an den narzisstischen Charakter vieler Botschaften, also an die Selfie-Mentalität, die vor allem junge Leute dazu bringt, sich im Netz bildlich und sprachlich zu präsentieren, als sei das von Bedeutung für einen großen, nicht näher definierten Kreis von Konsumenten. Tatsächlich zielt die Benennung aber auf die im Netz wuchernden antidemokratischen Tendenzen und die dubiosen Verschwörungstheorien, die ohne kritische Kontrolle vorgetragen und verbreitet werden. Es besteht kein Zweifel, dass aggressive und fragwürdige Kritiken und dass vor allem selbstgefällige Protestaktionen in diesem Medienbereich entstehen. Extreme Einstellungen werden propagiert, und dabei handelt es sich in vielen Fällen nicht mehr darum, dass ideologische Gegenargumente zu politischen Entscheidungen in extremer Form vorgetragen werden, sondern es ist der Extremismus selbst, der drogenartig wirkt und Sympathisanten rekrutiert. Die Neuen Medien bieten ihnen einen Echoraum, in dem ihre Einstellung bestätigt und verstärkt wird. Die jungen Leute haben Zugang zu mehreren Plattformen, und ihre täglich mehrfache Reise von Whatsapp zu Youtube, Instagram, Facebook verhindert, dass sich über andere Medien die Möglichkeit der offenen Diskussion und Reflexion der Probleme ergibt. Die intensive Nutzung der Neuen Medien schließt vor allem bei Jugendlichen auf niedrigem Bildungsniveau vielfach die Orientierung durch die alten, also der Presse und der Angebote von Funk und Fernsehen aus.

Die Gefährlichkeit dieser Entwicklung darf nicht unterschätzt, sie sollte aber auch nicht als zwangsläufige Folge medientechnischer Aufrüstung verstanden werden. Die pauschale Charakterisierung *asozial* sollte jedenfalls vermieden werden. Schon deshalb, weil dieser Begriff belastet ist durch die Stigmatisierung einzelner Personen und kleiner Gruppen, aber auch durch die mit ihm verschiedentlich vorgenommene Abwertung der proletarischen Unterschicht. Und er ist auch nicht am Platz, weil er die vielen zumindest diskutablen und oft unbestreitbar *sozialen* Funktionen der neuen Medien außer Acht lässt.

Dazu gehört, dass der Zugang zum digitalen Netz die Möglichkeit für alle eröffnet, sich mit Kurzbotschaften, mit *Tweets* an die Öffentlichkeit zu wenden. Das ist eine Plattform für Kritik an Regierungsinstanzen, die ja durchaus sinnvoll und notwendig sein kann, aber auch für Diskussionsbeiträge, Reflexionen und Vorschläge in den unterschiedlichsten Sparten der Realität. Dies wird fortgeführt zur Spezialisierung über andere Portale, welche die Interessenten eines bestimmten Bereichs ansprechen. Dies kann erfolgen mit weit geöffnetem Horizont, kann aber auch die Entstehung kleinerer Kommunikationsgruppen befördern. Meistens sind dabei Limits für die einzelnen Wortmeldungen vorgegeben, vergleichbar den ungeschriebenen Normen von Gesprächen, bei denen im Idealfall alle zu Wort kommen sollen. Trotz der meist engen inhaltlichen Begrenzung der Äußerung schleichen sich auch private Ereignisse in die Darstellung, und es werden auch Geschichten – wenn nicht erzählt, so doch angedeutet. Außerdem werden ja auch frei entwickelte Bildgeschichten ins Netz gestellt, die zwar meist phantastische Szenen ausbreiten, aber in persönlichen Akzentuierungen auch autobiografische Motive zur Geltung bringen.

Im Blick auf das Erzählen dürfte aber wichtiger sein, dass sich über die Entstehung der kleineren Kontaktgruppen häufig auch persönliche Verbindungen ergeben, die sich nicht auf den Austausch im Netz beschränken, sondern bald auch in direkten Treffen gefestigt werden. Die Inflation von *followers* und *friends*, die eifrige Netzliebhaber präsentieren, ist zunächst nur eine Platzierung in der imaginären Rekordtabelle, aber sie schließt die Konzentration auf wenige Beziehungen und damit die Entwicklung wirklicher Freundschaften nicht aus. Und da es sich um die Begegnung von vorher nicht miteinander Bekannten handelt, entsteht auf alle Fälle Erzählbedarf.

In vermehrtem Umfang gilt dies, wo im Netz ausdrücklich nach persönlichen Kontakten gesucht wird. Dabei kann es sich um die Vertiefung in irgendeinem Problemfeld handeln – wissenschaftlich, ökonomisch, alltagspraktisch -, aber auch um die Gewinnung von Bundesgenossen in einer Aktion oder von Mitspielern in einer Freizeitaktivität. Und auch die Suche nach Leidensgenossen und die Hoffnung auf Unterstützung bei gesundheitlichen Belastungen können Online-Versuche auslösen. In aller Regel werden dabei die Probleme nicht nur sachlich knapp angesprochen, sondern in eine Erzählung eingebettet.

Besonders ausgeprägt ist dies natürlich dort, wo der Kontakt nicht auf die Klärung irgendeines Sachverhalts zielt, sondern auf die Einschätzung der kontaktierten Person. Das ist selbstverständlich der Fall bei Bewerbungsgesprächen, in denen zwar rein sachliche Angaben zum Lebenslauf abgerufen werden, aber erzählte Weiterungen erwünscht sind und oft den Ausschlag über den Erfolg geben. Noch entschiedener verlagert sich das Interesse von den kargen Daten auf die erzählten Weiterungen, wo es um die Anbahnung einer engen persönlichen Verbindung geht. Bei der Herstellung kurzfristiger erotischer Erlebnisse ist dies nicht unbedingt impliziert, umso mehr aber bei der Vorbereitung einer festen Partnerschaft. Die wechselseitige Erkundung beschränkt sich dabei nicht auf das Gerüst der Tatsachen, sondern zielt auch auf deren Einschätzung und Einfärbung durch das Gegenüber, was die ausführliche Darstellung fordert und meist in Erzählungen lebendig gemacht und ergänzt wird.

Einen Sonderfall, der auch das Interesse der nicht direkt Beteiligten weckt, bilden Annäherungsversuche, die von einem Heiratsschwindler, seltener auch von einer Heiratsschwindlerin gesteuert werden. Kriminelle Vorgänge finden ganz generell leicht die Aufmerksamkeit von Außenstehenden. Unter den Erwachsenen gibt es wohl fast niemand, der oder die nicht schon einmal die Geschichte eines Trickbetrugs zur Kenntnis genommen und auch weitererzählt hätte. Der sogenannte Enkeltrick – die telefonisch erbetene Übergabe von Geld, weil ein Enkelkind angeblich in einer bedrohlichen Notsituation ist – funktioniert immer wieder, merkwürdigerweise. Die nicht Betroffenen drücken fast immer ihre Verwunderung über die Naivität der Geschädigten aus, allerdings nicht ohne Mitgefühl für die hilfsbereiten Betrogenen. Bei den Fällen von Heiratsschwindel verhält sich das anders. Hier kommt oft auch Schadenfreude ins Spiel: dass sich die Liebes- und Ehegierigen so lange an der Nase herumführen ließen, gerät überwiegend ins Visier der Kritik. Soweit die Inhalte der inszenierten Täuschungsmanöver bekannt sind, unterliegen sie einer genauen Beurteilung, die fast immer zum Ergebnis kommt, dass die Täuschung hätte bemerkt werden müssen.

Manchmal sind die erfundenen Geschichten der Betrüger freilich auch ausgesprochen originell und einfallsreich. Die Absicht, Partnerin oder Partner möglichst lange bei der Stange zu halten und nach Möglichkeit die Gewinnsummen zu steigern, fordert auch erzählerisch Steigerungen und Variationen, welche die dank der eingeleiteten Verbindung bestehende Akzeptanzbereitschaft nicht überfordern. Dies impliziert ein erhebliches Ausmaß an Kreativität, sodass nicht garantiert ist, dass bei der Kenntnisnahme und beim Weitererzählen die Sympathien ›richtig‹ verteilt werden, also auf der Linie der herrschenden Moral. Es gibt sicher kritische Stimmen, die hier einen Verstoß gegen gültige Normen sehen und vielleicht sogar zu dem Schluss kommen, dass jene gezielten Täuschungen keinesfalls in diese Betrachtung gehören: *Es sind keine Erzählungen, sondern einfach Lügen.*

Aber diese Zurechtweisung verfehlt den diffusen Charakter unserer Realität und die Flexibilität moralischer Gegebenheiten. Auch hochmoralische Geschichten können in der lebendigen Kommunikation gleichzeitig fragwürdige Tendenzen zum Ausdruck bringen, zum Beispiel Eigenlob und Einbildung derjenigen, die solche Geschichten präsentieren. Und Geschichten mit unmoralischen Motiven und Intentionen zielen oft darauf, dass bei den Rezipienten die moralische Gegenposition gestärkt wird. Der Begriff Erzählung darf nicht durch inhaltliche Ausschlussprinzipien verengt werden, er bezeichnet eine nach allen Seiten offene Form der Kommunikation. Der Reiz des Erzählens und der Erzählung liegt nicht zuletzt darin, dass sich mit ihrer Hilfe die ganze Vielfalt des Lebens und der Welt erschließt.

Zählgeschichten

Die Wörter *erzählen* und *Erzählung* provozieren im Allgemeinen keine Suche nach ihrem Ursprung. Sie werden schon lange in der heutigen Bedeutung verwendet; das »*Deutsche Wörterbuch*« der Brüder Grimm führt viele Beispiele an aus Luthers Bibelübersetzung – aus dem Alten wie aus dem Neuen Testament –, die mit dem jetzigen Sprachgebrauch völlig übereinstimmen. Aber sie widmen einen größeren Abschnitt auch Zitaten, in denen Personen aufgezählt oder verschiedene rechtliche Bestimmungen vorgetragen werden. Diese Belege reichen bis in die Neuzeit hinein, aber allmählich hörte diese Verwendung von erzählen ganz auf, wie Jacob und Wilhelm Grimm in ihrem Kommentar schrieben. Doch dürfte das Aufzählen für die Herausbildung des Wortes erzählen maßgebend gewesen sein, und tatsächlich ist es ja ein Bauelement jeder Erzählung, nicht als nummerierte Auflistung, aber als geordnete Abfolge der einzelnen Schritte und Stationen des Geschehens.

Mit *Zählgeschichten* soll kein einheitlicher Erzählungstypus eingeführt werden. Das Wort trifft am ehesten die meist gereimten kleinen Scherze, mit denen Kindern die Zahlenfolge beigebracht wird, die manchmal aber auch Erwachsene belustigen: *Eins zwei drei vier fünf sechs sieben / wo ist meine Frau geblieben? / Ist nicht hier und ist nicht da / Ist wohl in Amerika.* Hier richtet sich aber ganz allgemein die Aufmerksamkeit auf die Zahlen als Teil der Sprache und ihre Funktion in Erzählprozessen.

Im riesigen Arsenal überlieferter, verfügbarer Erzählungen bestimmen Zahlen häufig die Struktur der Geschichte oder sind Motive der Handlung. Allein für das Märchen könnte man seitenlang Belege dafür ansammeln; aber ein rascher Blick auf die Verwendungsprinzipien soll genügen. Es gibt eine ganze Reihe von Märchengeschichten, in denen *drei* konkurrierende Personen, oft drei Brüder, ihr Glück suchen. Auf ihrem Weg begegnen sie Verlockungen, denen zwei der Kandidaten erliegen, sodass sie das Ziel aus den Augen verlieren. Meistens sind es die Älteren, während der Jüngste, dem man am wenigsten zugetraut hatte, die Ablenkung meidet und am Ende der mühsamen Wanderung reich belohnt wird – mit Zaubermitteln oder mit der Heirat einer Prinzessin und damit steilem sozialen Aufstieg. Auch innerhalb der jeweiligen Episoden ist oft Dreigliedrigkeit gegeben, beispielsweise indem jeweils drei Aufgaben zu erfüllen sind. Wo ganze Gruppen die Handlungsträger sind, rückt oft die Zahl *sieben* ins Zentrum: Der Wolf jagt die sieben Geißlein, Schneewittchen findet Unterstützung bei den sieben Zwergen. Aber auch die schnelle Fortbewegung mit Siebenmeilenstiefeln oder die lange Wartezeit von sieben Jahren sind Bestandteile von Märchengeschichten.

Die Drei und die Sieben stehen in einer beachtlichen mythologischen Tradition. Die Drei erscheint beispielsweise in der christlichen Dreifaltigkeit oder der Geschichte von den Drei Königen, hat aber weltweit auch in anderen Religionen besondere Bedeutung; und das Gleiche gilt von der Sieben, die bereits in der Antike Vollkommenheit symbolisierte und die den Weltwundern und den Todsünden zugeordnet wurde. Gleichzeitig aber und teilweise abgeleitet aus den mythologischen Vorstellungen sind diese Zahlen wichtige Bestimmungsgrößen im täglichen Leben. An die Einteilung der Woche ist zu denken, aber auch an gängige Redewendungen wie die für viele Stücke gebrauchte Formulierung *Sieben Sachen*. Die Zahl begegnet einem auch häufig, wenn von einer Gruppe die Rede ist; bekannt ist die Spottgeschichte von den *Sieben Schwaben*. Dass *Dreier*-Gruppierungen oft Gegenstand in Gesprächen und Erzählungen sind, ist noch stärker in realen Konstellationen begründet. Das erotische Dreieck – die von Partner oder Partnerin aufgebrochene Zweierbeziehung – ist eine wesentliche Ursache für Spannungen und Veränderungen in der Gesellschaft. In der Erzähltradition hat sie ihren Ausdruck vor allem in heiteren Geschichten gefunden, nicht erst in vielen Witzen, sondern schon in mittelalterlichen Schwankgeschichten. Darin lässt sich meist die verheiratete Frau ein auf die Liebschaft mit einem Mann, nicht selten einem Geistlichen, der vom Ehepartner entdeckt und verprügelt wird, oft aber auch dank einer listigen Aussage der Frau als der lachende Dritte abzieht.

Das Gewicht der Drei und der Sieben kann auch negativ nachgewiesen und unterstrichen werden – durch die Beobachtung, dass andere Zahlen nur selten auftauchen. Als Grundzahl des Duodezimalsystems spielt die *Zwölf* eine gewisse Rolle als perfekte Größe und Glückszahl, was indirekt auch durch die Unglückszahl Dreizehn bestätigt wird. Auch mit ›runden‹ Zahlen wird in Erzählungen manchmal operiert – mit der Zehn als Basiswert des Dezimalsystems oder auch mit den Weiterungen Hundert und Tausend. Dass eine Belohnung von tausend Goldstücken bezahlt wird, ist im Märchen durchaus möglich; mit der Konkretisierung beliebiger anderer Beträge ist dagegen nicht zu rechnen. Der kindliche Märchendichter, den ich zu Wort kommen ließ, führt für den Bauernhof seines Bundespräsidenten 80 Pferde, 27 Kühe und 15 Angestellte auf; damit verfehlt er nicht nur die Funktion des höchsten politischen Repräsentanten unserer Republik, sondern auch den obligaten Stil der Märchen. Er holt zufällige reale Versatzstücke in sein Märchen herein – oder umgekehrt: er zwingt das Märchen in zufällige Koordinaten der heutigen Wirklichkeit.

In dieser Wirklichkeit ist die Bedeutung von Zahlen kontinuierlich größer geworden, und dementsprechend geht man häufiger mit Zahlen um. Das Leben spielt sich in verschiedenen Ordnungssystemen ab: Arbeit, Freizeit, Verkehr, Konsum, Kommunikation, und so fort; daraus ergeben sich komplexe Anforderungen, die zeitliche und räumliche Festlegungen verlangen – an Uhrzeiten und Haus- und Telefonnummern kommt man nicht vorbei. In jedem der Teilbereiche gibt es Optionen, die mit Zahlenangaben verknüpft sind: Wann muss ich starten, um pünktlich am Arbeitsplatz zu sein; wann kann ich mich mit meinen Freunden treffen; nicht zuletzt: wieviel Geld gebe ich aus für Lebensmittel und anderen täglichen Bedarf. Hier ist die gesteigerte Achtsamkeit auf Zahlen mit Händen zu greifen. In der Überschaubarkeit einer agrarisch bestimmten Gesellschaft vollzog sich der

Konsum weitgehend in konstanten und mit den finanziellen Möglichkeiten koordinierten Schritten; heute dagegen wird ständig mit Vergleichen unterschiedlicher Angebote operiert. Überhaupt die Geldwirtschaft! Banken locken schon kleine Sparer mit komplizierten Anlagemöglichkeiten; Versicherungen steigern die Beiträge; steuerliche Anforderungen wechseln und sind nur schwer zu überblicken. All dies sind Entwicklungen, die ein quantifizierendes Denken ausgebildet haben, das auch die Kommunikation bestimmt.

In Gesprächen werden eigene Erfahrungen und besondere in Zahlen fassbare Informationen ausgetauscht. Dies kann beispielsweise Schnäppchen betreffen, mit denen man – tatsächlich oder angeblich – viel Geld eingespart hat, aber auch den Lottogewinn einer Person in der eigenen Gemeinde oder die Erhöhung von Geldforderungen wie Steuern oder Mieten. Viel gesprochen wird auch über die Einkünfte anderer Menschen. Dabei wird meist übersehen, dass sich manche Leute, die sich in betonter Bescheidenheit dem Mittelstand zurechnen, längst in erstaunliche Höhenlagen vorgedrungen sind – dass also der Bankdirektor in der Nachbarschaft oder der Chef einer Reparaturwerkstatt mit den Einkünften über einem Ministergehalt einzuordnen sind. Das Interesse gilt vor allem den Überfliegern – von den Lotto-Millionären über das Spitzenpersonal in Medien, Künsten und Sport bis zu den Topmanagern großer Firmen, deren Einkünfte laut Statistik rund 50 mal so hoch sind wie die Löhne ihrer Facharbeiter. Die Aufmerksamkeit richtet sich dabei nur teilweise auf die kapitalistische Schieflage, fast immer dagegen auf die Rekorde, die mit diesen Summen erreicht werden.

Spätestens hier ist mit dem Übergang von der bloßen Mitteilung zur ausführlicheren Auseinandersetzung und vom Gespräch zur Erzählung zu rechnen. Zahlen sind ein extensiver Bestandteil der öffentlichen Kommunikation. Meine Lokalzeitung bringt in jeder Ausgabe die *Zahl des Tages*, die in hervorgehobener Schriftgröße präsentiert und in einem Infokasten durch einen erklärenden Text ergänzt wird. Die Auswahl ist bunt, es kann sich um die Kinderzahl einer jungen Witwe handeln, um die Teilnehmerzahl einer Demonstration, um die Ausmaße eines Hochhauses, um die Zahl der Rücktritte aus einem Verein oder einer Partei, um die Zahl der in einer Justizbehörde gestapelten unerledigten Akten – es gibt keine verbindlichen Ausschlusskriterien. In vielen Fällen handelt es sich aber um unerwartete und ungewöhnliche Angaben, um Rekorde, wenn man diesen Begriff nicht allzu streng nimmt. Und dieses Auswahlprinzip gilt nicht nur für die kleine Sonderinformation der Zahl des Tages, sondern für die ganze Zeitung und auch für andere Medien. Rekordzahlen können sich auf von Alpinisten bezwungene Gipfel beziehen, auf das Alter jugendlicher Erfindungsgenies oder das von rüstigen Hundertjährigen, auf die bei einem Banküberfall gestohlenen Beträge, auf Ergebnisse der Weinlese, auf die Menge der Bücher bei großen Messen – und nicht zuletzt auf die hart umkämpften Rekorde in verschiedenen sportlichen Disziplinen. All diese Rekordangaben finden nicht nur aufmerksame Leserinnen und Leser, sondern werden auch ausgemalt und weitervermittelt in Erzählungen.

Die Zahlen können allerdings auch als Abbreviatur, als ausreichende Kürzel aufgenommen werden. Das lässt sich im Bereich der Sportberichterstattung beobachten, die sich insgesamt sehr stark auf Zahlen konzentriert, im Einklang mit der vermeintlichen Sportbegeisterung des großen Publikums, die oft mehr als vom sportbezogenen Erlebnis vom jeweiligen Ergebnis gespeist wird. Dies galt selbst von Anfang an für den Umgang mit den oft verwirrenden Nachrichten über den Stand der Corona-Pandemie; vor allem das reichlich ausgebreitete Zahlenmaterial über die Infektionsstände zog die Aufmerksamkeit an – als scheinbar präzise Diagnose, die allerdings die Auseinandersetzung mit Ursachen und Wegen der Seuche nicht völlig blockierte.

Es gibt eben doch zählbare Erfahrungen und Informationen, die nicht einfach zur Kenntnis genommen und damit abgelegt werden können. Das gilt für die meisten Meldungen über Katastrophen verschiedenen Ausmaßes: Verkehrsunfälle in der näheren Umgebung, die Erwägungen über Gründe und Vermeidbarkeit auslösen, Naturkatastrophen, denen Hunderte zum Opfer fallen und die Tausende aus ihrer Heimat vertreiben, aber auch die großen technischen Unglücksfälle, die weltweit Beachtung finden. Im Wiederholungsfall flacht das Interesse ab; aber das erste Ereignis setzt sich fest in der Erinnerung und bleibt Erzählstoff – vielfach in der Form, dass es weniger in seinen schwer verständlichen Ursachen und in seinem Ablauf präsent bleibt, als vielmehr in einer Rückbindung an das eigene Leben. Wenn an den Jahrestagen des verheerenden Unglücks das Stichwort *Tschernobyl* fällt, vergegenwärtigt man sich mehr oder weniger automatisch die Situation, in der man die bedrohliche Nachricht empfangen hat. Man tauscht sich darüber mit Menschen aus, die gleichermaßen von der Nachricht erschreckt wurden, und es liegt nahe, dass auch Jüngere nachfragen, wie man von dem Reaktorunfall erfahren und wie man sich danach verhalten hat. Auch die vier terroristischen Flugzeugattacken auf das Pentagon und zivile Ziele in den Vereinigten Staaten von Amerika drängen sich auf in Erinnerungen, und wiederum geht es meist nicht nur um den schrecklichen Verlauf, sondern um die eigene Rolle: Wann und wo hat man *am 11. September 2001* von der Entführung der Flugzeuge und den selbstmörderischen Vernichtungsattacken gehört, und wie hat sich die Schockstarre gelöst und zu politischen Betrachtungen geführt?

Noch entschiedener ist das nationale Großereignis lebendig geblieben, das dank der hier üblichen Lesart mit der gleichen Zahlenfolge versehen werden kann wie die Attacken in Amerika: 09-11, *Nine Eleven*, hier bezogen auf den 9. November 1989, als es zum *Mauerfall* kam, der die deutsche Wiedervereinigung einleitete. Dieses einschneidende Ereignis wurde intensiv angeeignet und in großen Teilen der westdeutschen Bevölkerung in der Erinnerung und in Erzählungen zum eigenen Erlebnis stilisiert. Wenn die Medien das Ereignis erwähnen oder wenn die Rede darauf kommt, melden sich ältere Menschen immer noch gern zu Wort mit Schilderungen, wie sie diese überraschende Wendung aufgenommen haben und wie sie in der Folge der DDR persönlich begegnet sind: der erste Trabi, Rotkäppchensekt in den Läden, nicht angekündigte Verwandtenbesuche aus dem Osten.

Ich kann nicht umhin, hier meine eigene Geschichte zu erzählen: Ich hatte an dem Donnerstag, dem 9. November, nach allerlei Seminaraufgaben noch eine abendliche Kommissionssitzung, die sich lange hinzog; gegen meine Gewohnheit rief ich danach keine Nachrichtensendung mehr ab, weil am anderen Morgen die Beerdigung eines guten Freundes anstand, zu der ich früh aufbrechen musste. Im Auto schaltete ich auf dem Weg dorthin das Radio ein und hörte eine aufgeregte Reportage, in der Vieles durcheinander ging, jedenfalls aber geschildert wurde, dass Berliner Männer und Frauen und vor allem auch Jugendliche in Massen aus dem DDR-Gebiet der geteilten Stadt in den Westen eindringen. Ich war ziemlich schnell überzeugt davon, dass es sich um die Variation einer berühmten US-amerikanischen Rundfunksendung handle. In den USA hatte ein gerade 23-jähriger Autor und Regisseur, Orson Welles, im Oktober 1938 ein Hörspiel zur Ausstrahlung gebracht, das er nach einem 40 Jahre vorher erschienenen Roman des Autors Herbert George Wells gestaltet hatte. In diesem Buch, »*The War of the Worlds*«, fallen unbekannte exotische Kämpfer in New York ein und versetzen die Einheimischen in Furcht und Schrecken – und Schrecken erfasste im Herbst 1938 auch das Radiopublikum in New York und New Jersey Die Menschen räumten ängstlich erregt die Straßen, der Verkehr war lahm gelegt, und große Teile der Weltstadtbevölkerung warteten am Radio auf weitere Berichte und eventuelle Anweisungen. Ich war überzeugt, dass jetzt, gut 50 Jahre später, dieses Science-Fiction-Modell modernisiert und auf den Schauplatz Berlin verlegt worden war. Ich schwankte in meinem Urteil zwischen der Wut über eine unverantwortliche Geschmacklosigkeit und der Erwägung, ob die Sendung als positive politische Vision nicht doch zu akzeptieren sei, zumal sie so lebendig gestaltet war. Nur allmählich wurde mir bewusst, dass es sich nicht um eine aufregend inszenierte Erfindung handelte, sondern dass hier das Leben selbst eine glückliche Wendung genommen hatte.

Ich dränge mich mit dieser persönlichen Erinnerung auf, weil sie für mich das eindringliche Beispiel dafür ist, wie kollektive Geschichte individuelle Geschichten auslösen kann – auch wo es nicht um weltbewegende Ereignisse geht. Die Schaltstellen dafür sind in vielen Fällen Jubiläen mit ihren mehr oder weniger feierlichen Erinnerungen aus einem mit einer runden Zahl gemessenen Abstand. Es kann sich dabei um sehr lange Strecken handeln; Fachleute und Liebhaber greifen passende Geburts- und Sterbetermine gerne auf für Zeitungsartikel, Ausstellungsprojekte, Konzerte; und diese provozieren ihrerseits Erinnerungen: Wann habe ich mich zum ersten Mal an Beethovens Klavierkonzert C-Dur gewagt? Und wie fanatisch haben wir die Meinung vertreten, Hölderlin sei nicht verrückt gewesen! Das sind nicht nur gespeicherte und aus dem besonderen Anlass aufgetauchte Erinnerungsstücke; sie können ihrerseits in Erzählungen reaktiviert werden. Dazu kommt, dass die Jubiläumstauglichkeit in unserer eventfreudigen Kultur oft schon bei zehn oder zwanzig Jahren einsetzt, und dies bewirkt, dass es viele unmittelbar Beteiligte gibt, Gründungsmitglieder eines Vereins beispielsweise, die bei solchen Gelegenheiten oft lautstark in ihren Erinnerungen schwelgen.

Die für persönliche Erinnerungen wichtigsten Jubiläen sind die Geburtstage.

Die dabei fälligen Treffen begünstigen Erinnerungen und deren Präsentation; sie begünstigen aber auch das Interesse und die Nachfragen von Familienangehörigen und entfernteren Verwandten und Bekannten. An Geburtstagen von Kindern und Jugendlichen gehört es vielfach zum nicht weiter reflektierten Ritus, dass über die Umstände der Geburt gesprochen und so ein autobiografischer Anfang vermittelt wird – ein heißer Tag, plötzliche Wehen bei der Arbeit im Garten, Fahrt zur Klinik und schmerzhafte Stunden im Kreißsaal, scherzhafte Bemerkungen des Arztes und schließlich der erste Schrei des Neugeborenen. Aber es sind keineswegs nur die Kindergeburtstage, die Erinnerungen und Erzählungen auslösen. Die Festtage von Erwachsenen haben vielfach die wichtige Funktion, die Verbindung zwischen den Generationen zu festigen, Nähe und Gemeinsamkeit zu erzeugen – umso wichtiger, nachdem der räumliche Abstand in vielen Fällen größer geworden ist. Ältere Personen werden bei solchen Gelegenheiten von den Jüngeren gern befragt über ihr Leben, und in der Regel erzählen sie auch gerne und nutzen die Gelegenheit, Wertschätzung für inzwischen überholte Lebensbedingungen einzufordern und ihren Lebenslauf bei aller Bereitschaft, auch Fehler einzugestehen, doch in ein günstiges Licht zu bringen.

Ich rücke hier noch einmal eine persönliche Erinnerung ein. Der Geburtstag eines sehr alten Onkels fiel in die Zeit der Sommerferien und bot so jedes Jahr die Möglichkeit zu einem Treffen. Wir Kinder und Jugendliche nutzten jedesmal die Chance, einiges über seine Jugend zu erfahren, nicht aus Höflichkeit, sondern vor allem aus Neugier, denn es war ein Rückblick in die ferne Zeit vor dem und um den Ersten Weltkrieg, und der Onkel hatte viel erlebt. Allerdings wiederholten sich manche Geschichten; er hatte immer eine kleine Zahl von Lieblingsanekdoten bereit, und wir hatten unseren Spaß daran, diese durch eine Frage oder Bemerkung zu provozieren. Von besonderem Interesse waren für uns beispielsweise die Rückblicke auf die damalige Ausübung von Training und Wettkämpfen im ›Turnen‹, das die meisten sportlichen Disziplinen umfasste. Der Onkel hatte sich auf die Leichtathletik konzentriert und hatte im Hochsprung mehrfach den regionalen Meistertitel errungen. Wenn er das Thema nicht von sich aus anschnitt, lenkten wir jedesmal, oder jedenfalls ein paarmal, das Gespräch in diese Richtung und warteten auf die Angabe der bei der Meisterschaft erreichten Höhe: *1,65 gerissen!* Die damals übliche Angabe des ersten Fehlversuchs nach einem gelungenen Sprung von 1,60 amüsierte uns jedesmal und gab uns die Möglichkeit anzumerken, dass wir *1,65 gerissen* auch schaffen.

Bei runden Geburtstagen kommt es angesichts der vielen Möglichkeiten beruflichen Engagements, der vielen öffentlichen Tätigkeiten und der großen Zahl von Ehrenämtern häufig zu offiziellen Würdigungen, die sich zwar oft auf langatmige Aufzählungen und formelhafte Lobsprüche beschränken, manchmal aber auch mit anekdotischen Erinnerungen Farbe in den rituellen Ablauf bringen. Und es kommt auch vor, dass sich die Geehrten in ihrer Dankesrede für eine allzu karge Abwicklung rächen, indem sie – nicht selten nach einer Bekundung von Bescheidenheit – das Publikum mit einer in doppeltem Sinn erschöpfenden Aufreihung ihrer Leistungen hinhalten. Vielleicht ist es kein Fehler, am Ende daran zu erinnern, dass es nicht nur geglückte und beglückende Erzählungen gibt. Ein bedenkliches und bedenkenswertes Beispiel lieferte in Kurzform der Bundesinnenminister Horst Seehofer mit seiner Bemerkung, alles passe: Er sei heute 69, und am Morgen seien 69 Asylsuchende nach Afghanistan zurückgeschickt worden. Eine Pointe, die besser unterblieben wäre. Ganz allgemein können Zahlen und Daten, die immer mit dem Anspruch auf Objektivität und Genauigkeit auftreten, durch den sprachlichen Kontext oder das Umfeld der Äußerung in eine problematische Perspektive rücken. Man braucht nur an die Wirkung der Zahlen in Katastrophenmeldungen zu denken; sie geraten in der Wahrnehmung leicht in den Sog des Rekorddenkens und blockieren das moralische Gebot, Not und Tod der Vielen auf das Schicksal einzelner Menschen herunter zu rechnen. Zwangsläufig sind diese Fehlleitungen und Fehlleistungen aber nicht.

Zahlen sind nicht nur ungemein häufige Bestandteile der Sprache, sondern auch wichtige Funktionsträger. Sie bringen komplexe Sachverhalte auf einen einfachen Nenner – nicht immer legitim, aber in vielen Fällen das Verständnis erleichternd. Sie sind ein Mittel der Steigerung, das den erzählten Vorgängen Farbe verleiht. Und sie sind in vielen Fällen ein Anlass und eine Einladung, ins aktive Erzählen einzusteigen. Insofern rundet der zunächst etwas seltsam anmutende Blick auf Zahlen die Überlegungen zum Erzählen durchaus ab. Er macht noch einmal deutlich, wie prominent in den Erzählweisen der Rückgriff auf die eigenen Erfahrungen und Konditionen ist. Und die geschilderte Auslösung von Erzählungen durch Zahlenkonstellationen entspricht der Überschrift unseres Eingangskapitels: Die Befreiung von Geschichten.

ERGÄNZENDE HINWEISE

Einleitung

Abhandlungen zur Erzählung begleiten die ganze Literaturgeschichte und münden Ende des 20. Jahrhunderts in eine besonders lebhafte Diskussion, nachdem sich die Literatur von einer geradlinigen Handlungsführung mehr und mehr abwandte. Eberhard Lämmert gab 1982 das Buch »*Erzählforschung. Ein Symposion*« heraus. Um die gleiche Zeit wurde auch dem »*Erzählen im Alltag*« – so der 1980 von Konrad Ehlich edierte Band – größere Aufmerksamkeit zugewandt, und in der Soziolinguistik entstanden Analysen zum Gespräch und damit auch zur mündlichen Erzählung. Inzwischen gibt es Spezialuntersuchungen zu vielen Feldern des Erzählens, zuletzt vereint in dem 2017 von Matias Martinez herausgegebenen Band »*Erzählen. Ein interdisziplinäres Handbuch*« mit 51 Kapiteln, darunter »*Mündliches Erzählen*« von Uta Quasthoff und »*Alltag*« von Ingo Schneider. Ausführliche Darstellungen bietet auch die »*Enzyklopädie des Märchens*« (1975-2015), die als umfassendes Handbuch der Erzählforschung konzipiert wurde.

Es versteht sich, dass Literaten immer wieder Möglichkeiten und Probleme des Erzählens thematisiert haben – teils in poetologischen Abhandlungen, teils auch mit Reflexionen im ihrer Poesie. Als Beispiel kann Uwe Timm angeführt werden, der unter dem Titel »*Erzählen und kein Ende*« eine Frankfurter Vorlesungsreihe publizierte (1993), aber auch in seinen Romanen Getaltungsfragen erörterte – ausführlich etwa in dem *Roman* »*Rot*« (2001), dessen Titelfigur als weltlicher Bestattungsredner mit der Frage konfrontiert ist, was und wie er aus dem Leben der Verstorbenen erzählen soll.

Das vorliegende Buch konzentriert sich auf Grundformen des Erzählens und folgt nicht allen Verästelungen der Forschung; deshalb sind auch im Folgenden die Literaturangaben beschränkt auf wenige Quellennachweise und Abhandlungen.

Die Befreiung von Geschichten

Das abendliche Treffen habe ich selbst erlebt, und ich hatte auch die Möglichkeit, den Gang der Dinge rasch zu protokollieren. Den Erzählvorgang habe ich 1998 bei einer Tagung der *International Society for Folk Narrative Research* in Göttingen in einem Vortrag behandelt. Im *Schweizerischen Archiv für Volkskunde* erschien 2002 meine Druckfassung, die etwas ausführlicher auf linguistische und soziologische Gesprächsanalysen eingeht. Bei der hier hervorgehobenen US-amerikanischen Forschung handelt es sich vor allem um eine Studie von William Labov und Joshua Waletzky, die 1973 in deutscher Übersetzung erschien unter dem Titel: *Erzählanalyse. Mündliche Versionen persönlicher Erfahrungen.*

Die Kunst der Beiläufigkeit

Mein erster Versuch zu diesem Thema erschien in Band 32 der Zeitschrift »*Fabula*« (1991). Die etablierte Erzählforschung wandte sich den Formen und Bedingungen des Erzählens im Alltag nur vereinzelt zu; dagegen entstanden in der Linguistik eine ganze Reihe von Untersuchungen des Gesprächs. Der Terminus *konversationelle Erzählung* wurde eingeführt von Uta M. Quasthoff (»*Erzählen in Gesprächen*«. 1980), die auch am späteren Ausbau der *interaktionistischen Linguistik* wesentlich beteiligt war.

Man erzählt immer von sich selbst

Mein Buch »*Ergebnisgesellschaft. Facetten der Alltagskultur*« wurde 2015 veröffentlicht. »*Der Treppenwitz der Weltgeschichte*« ist der Titel eines 1882 erschienenen Buchs von William Lewis Hertslet, der darin Missverständnisse über die Geschichte behandelte. Die Schriftstellerin Martha Gellhorn ist vor allem durch ihre Reportagen bekannt geworden. Die Sammlung »*Das Gesicht des Krieges. Reportagen 1917-1987*« ist mehrfach aufgelegt worden, und 2019 wurde in Berlin die Auswahl »*Der Blick von unten*« herausgegeben. Albrecht Lehmann publizierte 1980 die Studie »*Rechtfertigungsgeschichten*« (Fabula 21. Band) und demonstrierte danach in Büchern über Kriegsgefangene und Flüchtlinge die wichtige Funktion der Rechtfertigung.

Perlmanns Erzähltheorie

Der Roman »*Perlmanns Schweigen*« von Pascal Mercier erschien zuerst 1995 in München. Nach Auskunft des Autors Peter Bieri gab es für Vasilij Leskov und für die anderen Teilnehmer an der Tagung keine konkreten Vorbilder – was natürlich nicht ausschließt, dass einzelne Charakterzüge von Personen aus dem internationalen Kollegenkreis in die Darstellung gewandert sind. – Unter dem hier gebrauchten Titel und mit der Ergänzung »*Erinnerung als Rechtfertigung*« behandelte der Verfasser das Thema erstmals in der von Thomas Hengartner und Brigitta Schmidt-Lauber herausgegebenen Festschrift für Albrecht Lehmann: »*Leben – Erzählen. Beiträge zur Erzähl- und Biographieforschung*« (2005). Die Seitenangaben für die Mercier-Zitate beziehen sich auf das btb-Taschenbuch Nr. 2500 (München 1997).

Der Sinn sinnloser Erzählungen

Heinrich Seidel ist bekannt geworden durch seinen Band »*Leberecht Hühnchen, Jorinde und andere Geschichten*« (1882), dem er weitere Erzählungen mit der selben Titelgestalt folgen ließ. Paul Watzlawick behandelt die Funktion von *Inhalts- und Beziehungsaspekt* mehrfach in seiner Kommunikationstheorie, zuerst in dem mit Janet H. Beavin und Don D. Jackson verfassten Buch »*Pragmatics of Human Communication*« (1967; deutsche Ausgabe in 13. Auflage, 2017). Ionescos »*La Cantatrice chauve*« wurde 1950 uraufgeführt. Der zitierte Text steht in einem Essay Ionescus von 1955. Das Zitat von Ludwig Wittgenstein stammt aus Satz 7 in seinem »*Tractatus logico-philosophicus*« (1921). Das autobiographische Buch von Daniela Wahl (2013) und der Vortrag von Georg Langenhorst (Hörbild, 2018) sind im Netz abrufbar.

Märchen – ein Spiel

Das Märchen gehört nicht nur zu den bevorzugten Gegenständen deutscher Leserinnen und Leser, es ist auch ein im Umkreis der Literaturwissenschaft und einiger anderer Disziplinen besonders beliebtes Thema. Eine ausführliche Märchenbibliographie würde den Umfang des vorliegenden Buchs weit übertreffen. Für die meisten Fragen ist die 15-bändige »*Enzyklopädie des Märchens*« das geeignete Hilfsmittel.

Ferdinand Grimm ist der von Heiner Boehncke und Hans Sarkowicz herausgegebene Band: »*Der fremde Ferdinand. Märchen und Sagen des unbekannten Grimm-Bruders*« 2020) gewidmet. Wolfgang Mieder hat moderne Märchengedichte ediert unter dem Titel: »*Mädchen, pfeif auf den Prinzen!*« 1983). Als Beispiel für die demonstrative Modernisierung der Märchen erwähne ich Otto F. Gmelin: »*Böses kommt aus Kinderbüchern. Die verpassten Möglichkeiten kindlicher Bewusstseins-bildung*« (1972).

Ein Überblick über die Typologie verfügbarer Erzählungstypen findet sich bei André Jolles: »*Einfache Formen*« (1929), bei Max Lüthi: »*Das europäische Volksmärchen. Form und Wesen*« (zuerst 1947, seither in vielen Auflagen erweitert) und bei Hermann Bausinger: »*Formen der ›Volkspoesie‹*« (2. Aufl. 1980).

Märchen und Lüge

Nachweise zur zitierten Literatur: Johannes Bolte, Georg Polivka: »*Anmerkungen zu den Kinder- und Hausmärchen der Brüder Grimm*« (1913-1932). – »*Deutsches Wörterbuch*«von Jacob Grimm und Wilhelm Grimm. 6. Band (1885). – Helmut Dubiel: »*Tief im Hirn. Mein Leben mit Parkinson*« (2006). – Alan Dundes: »*Analytic Essays in Folklore*« (1975). – Ralph Dutli: »*Fatrasien. Absurde Poesie des Mittelalters*« (2010). – Andrè Jolles: »*Einfache Formen*« (1929). – Max Lüthi: »*Das europäische Volksmärchen. Form und Wesen*« (5. Aufl. 1976). – Ernst Meier: »*Deutsche Volksmärchen aus Schwaben*« (Neuauflage 2008). – Friedrich Nietzsche: »*Jenseits von Gut und Böse*« (In: Werke in drei Bänden. 2. Bd.). – Harald Weinrich: »*Linguistik der Lüge*« (2000).

Nicht benützte, aber zitierte Literatur: Vera Bugia: »*Fratelli Grimm*« (Nowhere 2020).

Und die Moral von der Geschicht'

Gesamtdarstellungen zur Fabel sind älteren Datums (Reinhard Dithmar 1974; Klaus Doderer 1982); jüngere Abhandlungen zur Geschichte und didaktischen Funktion sind über Wikipedia abrufbar. »*Das Gebet in populärer Erbauungsliteratur*« habe ich behandelt im Sammelband »*Triviale Zonen in der religiösen Kunst des 19. Jahrhunderts*« (1971). »*Volksaufklärung. Eine praktische Reformbewegung des 18. und 19. Jahrhunderts*« wird umfassend dargestellt in dem von Holger Böning, Hanno Schmitt und Reinhart Siegert edierten Band (2007). »*Studien zum Zeitalter der Aufklärung im deutschsprachigen Raum 1750 bis 1850*« von Reinhart Siegert erschienen in zwei Bänden (2021). Genaue Einblicke und Analysen finden sich auch in dem älteren Band von Heinz Otto Lichtenberg: »*Unterhaltsame Bauernaufklärung*« (1970). – Im »*Handbuch zur narrativen Volksaufklärung: Moralische Geschichten 1780 bis 1848*« (Berlin 2004) gibt Heidrun Alzheimer einen umfassenden Überblick.

Der Glaube ans Unglaubliche

Die Ausrichtung aufs Unglaubliche bringt verschiedene Erzählgattungen ins Spiel. Helge Gerndt hat einen Überblick über solche Geschichten und ihre Erforschung vorgelegt: »*Sagen – Fakt, Fiktion oder Fake? Eine kurze Reise durch zweifelhafte Geschichten vom Mittelalter bis heute*« (2020). Weitere Hinweise:

Linda Dégh: »*Legend and Belief*« (2001); Hermann Bausinger: »*Aufklärung und Aberglaube*« (Deutsche Vierteljahrsschrift für Literaturwissenschaft und Geistesgeschichte 1963); Joachim Eibach: »*Gerüchte im Vormärz und März 1848 in Baden*« (Historische Anthropologie, Bd. 2). Die von Brednich edierten Sammelbände erschienen 1990, 1991, 1993, 1996 und 2004.

Nous sommes per Du

Witze wurden und werden in zahlreichen Sammlungen publiziert, meist geordnet nach Sachbereichen, seltener nach nationalen und internationalen Regionen und nur vereinzelt nach der geschichtlichen Entwicklung. Zum Witz liegen aber auch viele wissenschaftliche Untersuchungen vor, von denen nur der Klassiker von Sigmund Freud genannt werden soll: »*Der Witz und seine Beziehung zum Unbewussten*« (1905). Einen ausdrücklichen Hinweis verdient der ungewöhnlich detaillierte und differenzierte Wikipedia-Artikel, der nicht für dieses Kapitel herangezogen wurde. Und vielleicht sollte ich mit Blick auf prozessfreudige Erbinnen noch einmal betonen, dass Helmut Kohl die im Witz verewigten Äußerungen *nicht* gemacht hat.

Der Witz der Sprache

1994 habe ich unter diesem Titel eine längere Abhandlung als Band 19 der Marburger Universitätsreden veröffentlicht. Das hier eingefügte Kapitel ist nicht identisch, doch sind detaillierte Quellenangaben in der älteren Veröffentlichung greifbar.

Steigerung, Pointierung, Begrenzung

Das Buch von Jan Knopf: »*Geschichten zur Geschichte*« (1973) enthält ein Kapitel über *Sprachformeln und eingreifende Sätze*. Den für das Erzählen attraktiven *Wortpaaren* der Sprache hat Margret Tränkle eine Sammlung und Betrachtung gewidmet (2020). Hinweise auf die kreative Funktion von Sprichwörtern und Redensarten finden sich in vielen Publikationen von Wolfgang Mieder, der an seiner Universität in Vermont ein unerschöpfliches Archiv zu diesem Themenkreis aufgebaut hat.

Mündlich/schriftlich, online/offline – Zusammenspiel

Rudolf Schenda: »*Von Mund zu Ohr*« (1993) behandelt die unterschiedlichen Traditionswege grundsätzlich. Das von Lutz Röhrich und E. Lindig edierte Buch »*Volksdichtung zwischen Mündlichkeit und Schriftlichkeit*« (1989) enthält einen Aufsatz von Rolf Wilhelm Brednich, in dem er »*Moderne Medien als Stifter mündlicher Kommunikation*« untersucht. Das Problem ist auch Gegenstand der Analyse von Gedächtniskultur, zum Beispiel bei Aleida Assmann: »*Erinnerungsräume*« (1999).

Die Wirkung moderner Medien wird in vielen wissenschaftlichen Beiträgen behandelt. Als Beispiel seien genannt: Kaspar Maase u. a. (Hgg.): »*Macher – Medien – Publica*« 2014); Falk Blask u. a. (Hgg.): »*Update in Progress*« 2013); Christoph Bareither u. a. (Hgg.): »*Audiovisionen des Alltags*« (Münster 2020). Jan-Hinrik Schmidt und Monika Teddiken haben 2015 ein »*Handbuch Soziale Medien*« herausgegeben.

Zu den trotz und wegen der großen Verbreitung Sozialer Medien entstehenden Denkblockaden und Irrwegen gibt es bereits umfasende Untersuchungen, so Simon Strick: »*Rechte Gefühle. Affekte und Strategien des digitalen Faschismus*« (2021) und Antonius Weixler u. a. (Hgg.): »*Postfaktisches Erzählen*« (2021).

Zählgeschichten

Forschungsliteratur zu der herausgehobenen Stellung einzelner Zahlen ist in einschlägigen Lexikonartikeln ausgebreitet, beispielsweise in der großen Märchenenzyklopädie unter dem Stichwort Zahl und bei den prominenten Zahlen wie *drei* und *sieben*. Die *Zahlensymbolik im Kulturvergleich* wird ausführlich behandelt von Franz Carl Endres und Annemarie Schimmel: »*Das Mysterium der Zahl*« (1984).

Die Miniaturgeschichte: *Darf ich mit Großmutter spielen? Nein, der Sarg bleibt zu!* ist sicher nicht besonders geschmackvoll und verlangt Sinn für schwarzen Humor; aber sie muss verstanden werden als Witz und damit einer Gattung zugehörig, in der sensible Rücksichten ausgeblendet bleiben.

Denkbar zwar, dass einem Mädchen oder Jungen im Zoo die Scherzfrage einfällt, warum die Giraffe so einen langen Hals hat, und dass, während der angesprochene Vater noch ernsthaft überlegt, die Antwort kommt: Weil der Kopf so weit oben ist. Aber dieser bei Kindern beliebte Witz braucht nicht das Anschauungsmaterial einer lebendigen Giraffe. Die Erinnerung an einen Witz kann auch durch ein Stichwort in einem Gespräch geweckt werden. Und oft ist das der Auftakt für eine – manchmal vergnügliche, oft aber auch ermüdend lange – Präsentation von Witzen. Eine derartige Kettenreaktion kann auch durch die Wiedergabe einer etwas unheimlichen Erfahrung ausgelöst werden; irgendeine gruselige Geschichte haben Viele parat, und sie muss keineswegs mit einem persönlichen Erlebnis zusammenhängen.

Dank

Autor und Verlag bedanken sich beim Förderverein Schwäbischer Dialekt e. V., Rottenburg, bei der Stadt Reutlingen und der Universitätsstadt Tübingen für die freundlich-großzügige Förderung des Buch- wie Hörbuchprojektes mit Ulrich Tukur.

Auch als Hörbuch!
Gelesen von Ulrich Tukur

»Es ist einfach eine Verbeugung vor einem großen Wissenschaftler, der seine Disziplin humorvoll und mit einer leisen, schönen Selbstironie durchführt.«
Ulrich Tukur

Tukur liest Bausinger

Ein Buch über das Erzählen von einem glänzenden Erzähler erzählt bekommen: Ulrich Tukur liest Hermann Bausingers kulturwissenschaftliche Auseinandersetzungen über die Poesie der Sprache auf seine ganz eigene Weise. Zusammen mit dem Musiker Dizzy Krisch macht Tukur sie so auf einer weiteren Ebene erfahrbar und erweckt sie zu neuem Leben.

Hermann Bausinger
gelesen von Ulrich Tukur
Vom Erzählen
Poesie des Alltags
Musikalische Einspielungen:
Dizzy Krisch
2 CDs mit Booklet, ca. 180
Minuten Hörbuch
€ 24,– [D]
ISBN 978-3-7776-3179-0

www.hirzel.de

HIRZEL

Hirzel Verlag · Birkenwaldstraße 44 · 70191 Stuttgart · Tel. 0711 2582 341 · Fax 0711 2582 390 · Mail service@hirzel.de